†

밑글씨가 있는 성경 필사노트

| 사도행전 |

밑글씨가 있는 성경 필사노트 _사도행전

1판 1쇄 발행 2021년 11월 25일

지은이 돌탕연구소
펴낸이 오형선
펴낸곳 돌아온탕자

출판등록 2009년 5월 1일 제25100-2009-000027
주소 세종특별자치시 한누리대로 237, 3층 12호
대표전화 070-8277-4048 **팩스** 02-6280-2964
이메일 sunnbooks@naver.com

썬앤북스(Sun&Books)는 독자 여러분의 책에 관한 아이디어와 원고 투고를 기다립니다. 책으로 엮기를 원하는 기획안이나 원고가 있으신 분은 이메일(sunnbooks@naver.com)로 간단한 개요와 취지, 연락처를 보내주세요. 저희의 문은 언제나 열려있습니다. 감사합니다.

하나님의 말씀을
선물합니다.

나의 소중한

____________ 님께

사도행전 1장

1. 데오빌로여 내가 먼저 쓴 글에는 무릇 예수께서 행하시며 가르치시기를 시작하심부터
2. 그가 택하신 사도들에게 성령으로 명하시고 승천하신 날까지의 일을 기록하였노라
3. 그가 고난 받으신 후에 또한 그들에게 확실한 많은 증거로 친히 살아 계심을 나타내사 사십 일 동안 그들에게 보이시며 하나님 나라의 일을 말씀하시니라
4. 사도와 함께 모이사 그들에게 분부하여 이르시되 예루살렘을 떠나지 말고 내게서 들은 바 아버지께서 약속하신 것을 기다리라
5. 요한은 물로 세례를 베풀었으나 너희는 몇 날이 못되어 성령으로 세례를 받으리라 하셨느니라
6. 그들이 모였을 때에 예수께 여쭈어 이르되 주께서 이스라엘 나라를 회복하심이 이 때니이까 하니
7. 이르시되 때와 시기는 아버지께서 자기의 권한에 두셨으니 너희가 알 바 아니요
8. 오직 성령이 너희에게 임하시면 너희가 권능을 받고 예루살렘과 온 유대와 사마리아와 땅 끝까지 이르러 내 증인이 되리라 하시니라
9. 이 말씀을 마치시고 그들이 보는데 올려져 가시니 구름이 그를 가리어 보이지 않게 하더라
10. 올라가실 때에 제자들이 자세히 하늘을 쳐다보고 있는데 흰 옷 입은 두 사람이 그들 곁에 서서

사도행전 1장

1. 데오빌로여 내가 먼저 쓴 글에는 무릇 예수께서 행하시며 가르치시기를 시작하심부터
2. 그가 택하신 사도들에게 성령으로 명하시고 승천하신 날까지의 일을 기록하였노라
3. 그가 고난 받으신 후에 또한 그들에게 확실한 많은 증거로 친히 살아 계심을 나타내사 사십 일 동안 그들에게 보이시며 하나님 나라의 일을 말씀하시니라
4. 사도와 함께 모이사 그들에게 분부하여 이르시되 예루살렘을 떠나지 말고 내게서 들은 바 아버지께서 약속하신 것을 기다리라
5. 요한은 물로 세례를 베풀었으나 너희는 몇 날이 못되어 성령으로 세례를 받으리라 하셨느니라
6. 그들이 모였을 때에 예수께 여쭈어 이르되 주께서 이스라엘 나라를 회복하심이 이 때니이까 하니
7. 이르시되 때와 시기는 아버지께서 자기의 권한에 두셨으니 너희가 알 바 아니요
8. 오직 성령이 너희에게 임하시면 너희가 권능을 받고 예루살렘과 온 유대와 사마리아와 땅 끝까지 이르러 내 증인이 되리라 하시니라
9. 이 말씀을 마치시고 그들이 보는데 올려져 가시니 구름이 그를 가리어 보이지 않게 하더라
10. 올라가실 때에 제자들이 자세히 하늘을 쳐다보고 있는데 흰 옷 입은 두 사람이 그들 곁에 서서

11. 이르되 갈릴리 사람들아 어찌하여 서서 하늘을 쳐다보느냐 너희 가운데서 하늘로 올려지신 이 예수는 하늘로 가심을 본 그대로 오시리라 하였느니라

12. 제자들이 감람원이라 하는 산으로부터 예루살렘에 돌아오니 이 산은 예루살렘에서 가까워 안식일에 가기 알맞은 길이라

13. 들어가 그들이 유하는 다락방으로 올라가니 베드로, 요한, 야고보, 안드레와 빌립, 도마와 바돌로매, 마태와 및 알패오의 아들 야고보, 셀롯인 시몬, 야고보의 아들 유다가 다 거기 있어

14. 여자들과 예수의 어머니 마리아와 예수의 아우들과 더불어 마음을 같이하여 오로지 기도에 힘쓰더라

15. 모인 무리의 수가 약 백이십 명이나 되더라 그 때에 베드로가 그 형제들 가운데 일어서서 이르되

16. 형제들아 성령이 다윗의 입을 통하여 예수 잡는 자들의 길잡이가 된 유다를 가리켜 미리 말씀하신 성경이 응하였으니 마땅하도다

17. 이 사람은 본래 우리 수 가운데 참여하여 이 직무의 한 부분을 맡았던 자라

18. (이 사람이 불의의 삯으로 밭을 사고 후에 몸이 곤두박질하여 배가 터져 창자가 다 흘러 나온지라

19. 이 일이 예루살렘에 사는 모든 사람에게 알리어져 그들의 말로는 그 밭을 아겔다마라 하니 이는 피밭이라는 뜻이라)

20. 시편에 기록하였으되 그의 거처를 황폐하게 하시며 거기 거하는 자가 없게 하소서 하였고 또 일렀으되 그의 직분을 타인이 취하게 하소서 하였도다

21. 이러하므로 요한의 세례로부터 우리 가운데서 올려져 가신 날까지 주 예수께서 우리 가운데 출입하실 때에

11. 이르되 갈릴리 사람들아 어찌하여 서서 하늘을 쳐다보느냐 너희 가운데서 하늘로 올려지신 이 예수는 하늘로 가심을 본 그대로 오시리라 하였느니라

12. 제자들이 감람원이라 하는 산으로부터 예루살렘에 돌아오니 이 산은 예루살렘에서 가까워 안식일에 가기 알맞은 길이라

13. 들어가 그들이 유하는 다락방으로 올라가니 베드로, 요한, 야고보, 안드레와 빌립, 도마와 바돌로매, 마태와 및 알패오의 아들 야고보, 셀롯인 시몬, 야고보의 아들 유다가 다 거기 있어

14. 여자들과 예수의 어머니 마리아와 예수의 아우들과 더불어 마음을 같이하여 오로지 기도에 힘쓰더라

15. 모인 무리의 수가 약 백이십 명이나 되더라 그 때에 베드로가 그 형제들 가운데 일어서서 이르되

16. 형제들아 성령이 다윗의 입을 통하여 예수 잡는 자들의 길잡이가 된 유다를 가리켜 미리 말씀하신 성경이 응하였으니 마땅하도다

17. 이 사람은 본래 우리 수 가운데 참여하여 이 직무의 한 부분을 맡았던 자라

18. (이 사람이 불의의 삯으로 밭을 사고 후에 몸이 곤두박질하여 배가 터져 창자가 다 흘러 나온지라

19. 이 일이 예루살렘에 사는 모든 사람에게 알리어져 그들의 말로는 그 밭을 아겔다마라 하니 이는 피밭이라는 뜻이라)

20. 시편에 기록하였으되 그의 거처를 황폐하게 하시며 거기 거하는 자가 없게 하소서 하였고 또 일렀으되 그의 직분을 타인이 취하게 하소서 하였도다

21. 이러하므로 요한의 세례로부터 우리 가운데서 올려져 가신 날까지 주 예수께서 우리 가운데 출입하실 때에

22. 항상 우리와 함께 다니던 사람 중에 하나를 세워 우리와 더불어 예수께
서 부활하심을 증언할 사람이 되게 하여야 하리라 하거늘
23. 그들이 두 사람을 내세우니 하나는 바사바라고도 하고 별명은 유스도라
고 하는 요셉이요 하나는 맛디아라
24. 그들이 기도하여 이르되 뭇 사람의 마음을 아시는 주여 이 두 사람 중에
누가 주님께 택하신 바 되어
25. 봉사와 및 사도의 직무를 대신할 자인지를 보이시옵소서 유다는 이 직
무를 버리고 제 곳으로 갔나이다 하고
26. 제비 뽑아 맛디아를 얻으니 그가 열한 사도의 수에 들어가니라

사도행전 2장

1. 오순절 날이 이미 이르매 그들이 다같이 한 곳에 모였더니
2. 홀연히 하늘로부터 급하고 강한 바람 같은 소리가 있어 그들이 앉은 온
집에 가득하며
3. 마치 불의 혀처럼 갈라지는 것들이 그들에게 보여 각 사람 위에 하나씩
임하여 있더니
4. 그들이 다 성령의 충만함을 받고 성령이 말하게 하심을 따라 다른 언어
들로 말하기를 시작하니라
5. 그 때에 경건한 유대인들이 천하 각국으로부터 와서 예루살렘에 머물러
있더니
6. 이 소리가 나매 큰 무리가 모여 각각 자기의 방언으로 제자들이 말하는
것을 듣고 소동하여

22. 항상 우리와 함께 다니던 사람 중에 하나를 세워 우리와 더불어 예수께
서 부활하심을 증언할 사람이 되게 하여야 하리라 하거늘
23. 그들이 두 사람을 내세우니 하나는 바사바라고도 하고 별명은 유스도라
고 하는 요셉이요 하나는 맛디아라
24. 그들이 기도하여 이르되 뭇 사람의 마음을 아시는 주여 이 두 사람 중에
누가 주님께 택하신 바 되어
25. 봉사와 및 사도의 직무를 대신할 자인지를 보이시옵소서 유다는 이 직
무를 버리고 제 곳으로 갔나이다 하고
26. 제비 뽑아 맛디아를 얻으니 그가 열한 사도의 수에 들어가니라

사도행전 2장

1. 오순절 날이 이미 이르매 그들이 다같이 한 곳에 모였더니
2. 홀연히 하늘로부터 급하고 강한 바람 같은 소리가 있어 그들이 앉은 온
집에 가득하며
3. 마치 불의 혀처럼 갈라지는 것들이 그들에게 보여 각 사람 위에 하나씩
임하여 있더니
4. 그들이 다 성령의 충만함을 받고 성령이 말하게 하심을 따라 다른 언어
들로 말하기를 시작하니라
5. 그 때에 경건한 유대인들이 천하 각국으로부터 와서 예루살렘에 머물러
있더니
6. 이 소리가 나매 큰 무리가 모여 각각 자기의 방언으로 제자들이 말하는
것을 듣고 소동하여

7. 다 놀라 신기하게 여겨 이르되 보라 이 말하는 사람들이 다 갈릴리 사람이 아니냐
8. 우리가 우리 각 사람이 난 곳 방언으로 듣게 되는 것이 어찌 됨이냐
9. 우리는 바대인과 메대인과 엘람인과 또 메소보다미아, 유대와 갑바도기아, 본도와 아시아,
10. 브루기아와 밤빌리아, 애굽과 및 구레네에 가까운 리비야 여러 지방에 사는 사람들과 로마로부터 온 나그네 곧 유대인과 유대교에 들어온 사람들과
11. 그레데인과 아라비아인들이라 우리가 다 우리의 각 언어로 하나님의 큰 일을 말함을 듣는도다 하고
12. 다 놀라며 당황하여 서로 이르되 이 어찌 된 일이냐 하며
13. 또 어떤 이들은 조롱하여 이르되 그들이 새 술에 취하였다 하더라
14. 베드로가 열한 사도와 함께 서서 소리를 높여 이르되 유대인들과 예루살렘에 사는 모든 사람들아 이 일을 너희로 알게 할 것이니 내 말에 귀를 기울이라
15. 때가 제 삼 시니 너희 생각과 같이 이 사람들이 취한 것이 아니라
16. 이는 곧 선지자 요엘을 통하여 말씀하신 것이니 일렀으되
17. 하나님이 말씀하시기를 말세에 내가 내 영을 모든 육체에 부어 주리니 너희의 자녀들은 예언할 것이요 너희의 젊은이들은 환상을 보고 너희의 늙은이들은 꿈을 꾸리라
18. 그 때에 내가 내 영을 내 남종과 여종들에게 부어 주리니 그들이 예언할 것이요
19. 또 내가 위로 하늘에서는 기사를 아래로 땅에서는 징조를 베풀리니 곧 피와 불과 연기로다
20. 주의 크고 영화로운 날이 이르기 전에 해가 변하여 어두워지고 달이 변하여 피

7. 다 놀라 신기하게 여겨 이르되 보라 이 말하는 사람들이 다 갈릴리 사람이 아니냐
8. 우리가 우리 각 사람이 난 곳 방언으로 듣게 되는 것이 어찌 됨이냐
9. 우리는 바대인과 메대인과 엘람인과 또 메소보다미아, 유대와 갑바도기아, 본도와 아시아,
10. 브루기아와 밤빌리아, 애굽과 및 구레네에 가까운 리비야 여러 지방에 사는 사람들과 로마로부터 온 나그네 곧 유대인과 유대교에 들어온 사람들과
11. 그레데인과 아라비아인들이라 우리가 다 우리의 각 언어로 하나님의 큰 일을 말함을 듣는도다 하고
12. 다 놀라며 당황하여 서로 이르되 이 어찌 된 일이냐 하며
13. 또 어떤 이들은 조롱하여 이르되 그들이 새 술에 취하였다 하더라
14. 베드로가 열한 사도와 함께 서서 소리를 높여 이르되 유대인들과 예루살렘에 사는 모든 사람들아 이 일을 너희로 알게 할 것이니 내 말에 귀를 기울이라
15. 때가 제 삼 시니 너희 생각과 같이 이 사람들이 취한 것이 아니라
16. 이는 곧 선지자 요엘을 통하여 말씀하신 것이니 일렀으되
17. 하나님이 말씀하시기를 말세에 내가 내 영을 모든 육체에 부어 주리니 너희의 자녀들은 예언할 것이요 너희의 젊은이들은 환상을 보고 너희의 늙은이들은 꿈을 꾸리라
18. 그 때에 내가 내 영을 내 남종과 여종들에게 부어 주리니 그들이 예언할 것이요
19. 또 내가 위로 하늘에서는 기사를 아래로 땅에서는 징조를 베풀리니 곧 피와 불과 연기로다
20. 주의 크고 영화로운 날이 이르기 전에 해가 변하여 어두워지고 달이 변하여 피

가 되리라
21. 누구든지 주의 이름을 부르는 자는 구원을 받으리라 하였느니라
22. 이스라엘 사람들아 이 말을 들으라 너희도 아는 바와 같이 하나님께서
나사렛 예수로 큰 권능과 기사와 표적을 너희 가운데서 베푸사 너희 앞
에서 그를 증언하셨느니라
23. 그가 하나님께서 정하신 뜻과 미리 아신 대로 내준 바 되었거늘 너희가
법 없는 자들의 손을 빌려 못 박아 죽였으나
24. 하나님께서 그를 사망의 고통에서 풀어 살리셨으니 이는 그가 사망에
매여 있을 수 없었음이라
25. 다윗이 그를 가리켜 이르되 내가 항상 내 앞에 계신 주를 뵈었음이여 나
로 요동하지 않게 하기 위하여 그가 내 우편에 계시도다
26. 그러므로 내 마음이 기뻐하였고 내 혀도 즐거워하였으며 육체도 희망에
거하리니
27. 이는 내 영혼을 음부에 버리지 아니하시며 주의 거룩한 자로 썩음을 당
하지 않게 하실 것임이로다
28. 주께서 생명의 길을 내게 보이셨으니 주 앞에서 내게 기쁨이 충만하게
하시리로다 하였으므로
29. 형제들아 내가 조상 다윗에 대하여 담대히 말할 수 있노니 다윗이 죽어
장사되어 그 묘가 오늘까지 우리 중에 있도다
30. 그는 선지자라 하나님이 이미 맹세하사 그 자손 중에서 한 사람을 그 위
에 앉게 하리라 하심을 알고
31. 미리 본 고로 그리스도의 부활을 말하되 그가 음부에 버림이 되지 않고

가 되리라
21. 누구든지 주의 이름을 부르는 자는 구원을 받으리라 하였느니라
22. 이스라엘 사람들아 이 말을 들으라 너희도 아는 바와 같이 하나님께서
나사렛 예수로 큰 권능과 기사와 표적을 너희 가운데서 베푸사 너희 앞
에서 그를 증언하셨느니라
23. 그가 하나님께서 정하신 뜻과 미리 아신 대로 내준 바 되었거늘 너희가
법 없는 자들의 손을 빌려 못 박아 죽였으나
24. 하나님께서 그를 사망의 고통에서 풀어 살리셨으니 이는 그가 사망에
매여 있을 수 없었음이라
25. 다윗이 그를 가리켜 이르되 내가 항상 내 앞에 계신 주를 뵈었음이여 나
로 요동하지 않게 하기 위하여 그가 내 우편에 계시도다
26. 그러므로 내 마음이 기뻐하였고 내 혀도 즐거워하였으며 육체도 희망에
거하리니
27. 이는 내 영혼을 음부에 버리지 아니하시며 주의 거룩한 자로 썩음을 당
하지 않게 하실 것임이로다
28. 주께서 생명의 길을 내게 보이셨으니 주 앞에서 내게 기쁨이 충만하게
하시리로다 하였으므로
29. 형제들아 내가 조상 다윗에 대하여 담대히 말할 수 있노니 다윗이 죽어
장사되어 그 묘가 오늘까지 우리 중에 있도다
30. 그는 선지자라 하나님이 이미 맹세하사 그 자손 중에서 한 사람을 그 위
에 앉게 하리라 하심을 알고
31. 미리 본 고로 그리스도의 부활을 말하되 그가 음부에 버림이 되지 않고

그의 육신이 썩음을 당하지 아니하시리라 하더니
32. 이 예수를 하나님이 살리신지라 우리가 다 이 일에 증인이로다
33. 하나님이 오른손으로 예수를 높이시매 그가 약속하신 성령을 아버지께 받아서
너희가 보고 듣는 이것을 부어 주셨느니라
34. 다윗은 하늘에 올라가지 못하였으나 친히 말하여 이르되 주께서 내 주에게 말
씀하시기를
35. 내가 네 원수로 네 발등상이 되게 하기까지 너는 내 우편에 앉아 있으라 하셨도
다 하였으니
36. 그런즉 이스라엘 온 집은 확실히 알지니 너희가 십자가에 못 박은 이 예수를 하
나님이 주와 그리스도가 되게 하셨느니라 하니라
37. 그들이 이 말을 듣고 마음에 찔려 베드로와 다른 사도들에게 물어 이르되 형제
들아 우리가 어찌할꼬 하거늘
38. 베드로가 이르되 너희가 회개하여 각각 예수 그리스도의 이름으로 세례를 받고
죄 사함을 받으라 그리하면 성령의 선물을 받으리니
39. 이 약속은 너희와 너희 자녀와 모든 먼 데 사람 곧 주 우리 하나님이 얼마든지
부르시는 자들에게 하신 것이라 하고
40. 또 여러 말로 확증하며 권하여 이르되 너희가 이 패역한 세대에서 구원을 받으
라 하니
41. 그 말을 받은 사람들은 세례를 받으매 이 날에 신도의 수가 삼천이나 더하더라
42. 그들이 사도의 가르침을 받아 서로 교제하고 떡을 떼며 오로지 기도하기를 힘
쓰니라
43. 사람마다 두려워하는데 사도들로 말미암아 기사와 표적이 많이 나타나니

그의 육신이 썩음을 당하지 아니하시리라 하더니
32. 이 예수를 하나님이 살리신지라 우리가 다 이 일에 증인이로다
33. 하나님이 오른손으로 예수를 높이시매 그가 약속하신 성령을 아버지께 받아서
너희가 보고 듣는 이것을 부어 주셨느니라
34. 다윗은 하늘에 올라가지 못하였으나 친히 말하여 이르되 주께서 내 주에게 말
씀하시기를
35. 내가 네 원수로 네 발등상이 되게 하기까지 너는 내 우편에 앉아 있으라 하셨도
다 하였으니
36. 그런즉 이스라엘 온 집은 확실히 알지니 너희가 십자가에 못 박은 이 예수를 하
나님이 주와 그리스도가 되게 하셨느니라 하니라
37. 그들이 이 말을 듣고 마음에 찔려 베드로와 다른 사도들에게 물어 이르되 형제
들아 우리가 어찌할꼬 하거늘
38. 베드로가 이르되 너희가 회개하여 각각 예수 그리스도의 이름으로 세례를 받고
죄 사함을 받으라 그리하면 성령의 선물을 받으리니
39. 이 약속은 너희와 너희 자녀와 모든 먼 데 사람 곧 주 우리 하나님이 얼마든지
부르시는 자들에게 하신 것이라 하고
40. 또 여러 말로 확증하며 권하여 이르되 너희가 이 패역한 세대에서 구원을 받으
라 하니
41. 그 말을 받은 사람들은 세례를 받으매 이 날에 신도의 수가 삼천이나 더하더라
42. 그들이 사도의 가르침을 받아 서로 교제하고 떡을 떼며 오로지 기도하기를 힘
쓰니라
43. 사람마다 두려워하는데 사도들로 말미암아 기사와 표적이 많이 나타나니

44. 믿는 사람이 다 함께 있어 모든 물건을 서로 통용하고
45. 또 재산과 소유를 팔아 각 사람의 필요를 따라 나눠 주며
46. 날마다 마음을 같이하여 성전에 모이기를 힘쓰고 집에서 떡을 떼며 기쁨과 순전한 마음으로 음식을 먹고
47. 하나님을 찬미하며 또 온 백성에게 칭송을 받으니 주께서 구원 받는 사람을 날마다 더하게 하시니라

사도행전 3장

1. 제 구 시 기도 시간에 베드로와 요한이 성전에 올라갈새
2. 나면서 못 걷게 된 이를 사람들이 메고 오니 이는 성전에 들어가는 사람들에게 구걸하기 위하여 날마다 미문이라는 성전 문에 두는 자라
3. 그가 베드로와 요한이 성전에 들어가려 함을 보고 구걸하거늘
4. 베드로가 요한과 더불어 주목하여 이르되 우리를 보라 하니
5. 그가 그들에게서 무엇을 얻을까 하여 바라보거늘
6. 베드로가 이르되 은과 금은 내게 없거니와 내게 있는 이것을 네게 주노니 나사렛 예수 그리스도의 이름으로 일어나 걸으라 하고
7. 오른손을 잡아 일으키니 발과 발목이 곧 힘을 얻고
8. 뛰어 서서 걸으며 그들과 함께 성전으로 들어가면서 걷기도 하고 뛰기도 하며 하나님을 찬송하니
9. 모든 백성이 그 걷는 것과 하나님을 찬송함을 보고
10. 그가 본래 성전 미문에 앉아 구걸하던 사람인 줄 알고 그에게 일어난 일로 인하여 심히 놀랍게 여기며 놀라니라

44. 믿는 사람이 다 함께 있어 모든 물건을 서로 통용하고
45. 또 재산과 소유를 팔아 각 사람의 필요를 따라 나눠 주며
46. 날마다 마음을 같이하여 성전에 모이기를 힘쓰고 집에서 떡을 떼며 기
뻠과 순전한 마음으로 음식을 먹고
47. 하나님을 찬미하며 또 온 백성에게 칭송을 받으니 주께서 구원 받는 사
람을 날마다 더하게 하시니라

사도행전 3장

1. 제 구 시 기도 시간에 베드로와 요한이 성전에 올라갈새
2. 나면서 못 걷게 된 이를 사람들이 메고 오니 이는 성전에 들어가는 사람
들에게 구걸하기 위하여 날마다 미문이라는 성전 문에 두는 자라
3. 그가 베드로와 요한이 성전에 들어가려 함을 보고 구걸하거늘
4. 베드로가 요한과 더불어 주목하여 이르되 우리를 보라 하니
5. 그가 그들에게서 무엇을 얻을까 하여 바라보거늘
6. 베드로가 이르되 은과 금은 내게 없거니와 내게 있는 이것을 네게 주노
니 나사렛 예수 그리스도의 이름으로 일어나 걸으라 하고
7. 오른손을 잡아 일으키니 발과 발목이 곧 힘을 얻고
8. 뛰어 서서 걸으며 그들과 함께 성전으로 들어가면서 걷기도 하고 뛰기
도 하며 하나님을 찬송하니
9. 모든 백성이 그 걷는 것과 하나님을 찬송함을 보고
10. 그가 본래 성전 미문에 앉아 구걸하던 사람인 줄 알고 그에게 일어난 일
로 인하여 심히 놀랍게 여기며 놀라니라

11. 나은 사람이 베드로와 요한을 붙잡으니 모든 백성이 크게 놀라며 달려 나아가 솔로몬의 행각이라 불리우는 행각에 모이거늘

12. 베드로가 이것을 보고 백성에게 말하되 이스라엘 사람들아 이 일을 왜 놀랍게 여기느냐 우리 개인의 권능과 경건으로 이 사람을 걷게 한 것처럼 왜 우리를 주목하느냐

13. 아브라함과 이삭과 야곱의 하나님 곧 우리 조상의 하나님이 그의 종 예수를 영화롭게 하셨느니라 너희가 그를 넘겨 주고 빌라도가 놓아 주기로 결의한 것을 너희가 그 앞에서 거부하였으니

14. 너희가 거룩하고 의로운 이를 거부하고 도리어 살인한 사람을 놓아 주기를 구하여

15. 생명의 주를 죽였도다 그러나 하나님이 죽은 자 가운데서 그를 살리셨으니 우리가 이 일에 증인이라

16. 그 이름을 믿으므로 그 이름이 너희가 보고 아는 이 사람을 성하게 하였나니 예수로 말미암아 난 믿음이 너희 모든 사람 앞에서 이같이 완전히 낫게 하였느니라

17. 형제들아 너희가 알지 못하여서 그리하였으며 너희 관리들도 그리한 줄 아노라

18. 그러나 하나님이 모든 선지자의 입을 통하여 자기의 그리스도께서 고난 받으실 일을 미리 알게 하신 것을 이와 같이 이루셨느니라

19. 그러므로 너희가 회개하고 돌이켜 너희 죄 없이 함을 받으라 이같이 하면 새롭게 되는 날이 주 앞으로부터 이를 것이요

20. 또 주께서 너희를 위하여 예정하신 그리스도 곧 예수를 보내시리니

21. 하나님이 영원 전부터 거룩한 선지자들의 입을 통하여 말씀하신 바 만물을 회

11. 나은 사람이 베드로와 요한을 붙잡으니 모든 백성이 크게 놀라며 달려 나아가 솔로몬의 행각이라 불리우는 행각에 모이거늘

12. 베드로가 이것을 보고 백성에게 말하되 이스라엘 사람들아 이 일을 왜 놀랍게 여기느냐 우리 개인의 권능과 경건으로 이 사람을 걷게 한 것처럼 왜 우리를 주목하느냐

13. 아브라함과 이삭과 야곱의 하나님 곧 우리 조상의 하나님이 그의 종 예수를 영화롭게 하셨느니라 너희가 그를 넘겨 주고 빌라도가 놓아 주기로 결의한 것을 너희가 그 앞에서 거부하였으니

14. 너희가 거룩하고 의로운 이를 거부하고 도리어 살인한 사람을 놓아 주기를 구하여

15. 생명의 주를 죽였도다 그러나 하나님이 죽은 자 가운데서 그를 살리셨으니 우리가 이 일에 증인이라

16. 그 이름을 믿으므로 그 이름이 너희가 보고 아는 이 사람을 성하게 하였나니 예수로 말미암아 난 믿음이 너희 모든 사람 앞에서 이같이 완전히 낫게 하였느니라

17. 형제들아 너희가 알지 못하여서 그리하였으며 너희 관리들도 그리한 줄 아노라

18. 그러나 하나님이 모든 선지자의 입을 통하여 자기의 그리스도께서 고난 받으실 일을 미리 알게 하신 것을 이와 같이 이루셨느니라

19. 그러므로 너희가 회개하고 돌이켜 너희 죄 없이 함을 받으라 이같이 하면 새롭게 되는 날이 주 앞으로부터 이를 것이요

20. 또 주께서 너희를 위하여 예정하신 그리스도 곧 예수를 보내시리니

21. 하나님이 영원 전부터 거룩한 선지자들의 입을 통하여 말씀하신 바 만물을 회

복하실 때까지는 하늘이 마땅히 그를 받아 두리라
22. 모세가 말하되 주 하나님이 너희를 위하여 너희 형제 가운데서 나 같은 선지자 하나를 세울 것이니 너희가 무엇이든지 그의 모든 말을 들을 것이라
23. 누구든지 그 선지자의 말을 듣지 아니하는 자는 백성 중에서 멸망 받으리라 하였고
24. 또한 사무엘 때부터 이어 말한 모든 선지자도 이 때를 가리켜 말하였느니라
25. 너희는 선지자들의 자손이요 또 하나님이 너희 조상과 더불어 세우신 언약의 자손이라 아브라함에게 이르시기를 땅 위의 모든 족속이 너의 씨로 말미암아 복을 받으리라 하셨으니
26. 하나님이 그 종을 세워 복 주시려고 너희에게 먼저 보내사 너희로 하여금 돌이켜 각각 그 악함을 버리게 하셨느니라

사도행전 4장
1. 사도들이 백성에게 말할 때에 제사장들과 성전 맡은 자와 사두개인들이 이르러
2. 예수 안에 죽은 자의 부활이 있다고 백성을 가르치고 전함을 싫어하여
3. 그들을 잡으매 날이 이미 저물었으므로 이튿날까지 가두었으나
4. 말씀을 들은 사람 중에 믿는 자가 많으니 남자의 수가 약 오천이나 되었더라
5. 이튿날 관리들과 장로들과 서기관들이 예루살렘에 모였는데

복하실 때까지는 하늘이 마땅히 그를 받아 두리라
22. 모세가 말하되 주 하나님이 너희를 위하여 너희 형제 가운데서 나 같은 선지자 하나를 세울 것이니 너희가 무엇이든지 그의 모든 말을 들을 것이라
23. 누구든지 그 선지자의 말을 듣지 아니하는 자는 백성 중에서 멸망 받으리라 하였고
24. 또한 사무엘 때부터 이어 말한 모든 선지자도 이 때를 가리켜 말하였느니라
25. 너희는 선지자들의 자손이요 또 하나님이 너희 조상과 더불어 세우신 언약의 자손이라 아브라함에게 이르시기를 땅 위의 모든 족속이 너의 씨로 말미암아 복을 받으리라 하셨으니
26. 하나님이 그 종을 세워 복 주시려고 너희에게 먼저 보내사 너희로 하여금 돌이켜 각각 그 악함을 버리게 하셨느니라

사도행전 4장

1. 사도들이 백성에게 말할 때에 제사장들과 성전 맡은 자와 사두개인들이 이르러
2. 예수 안에 죽은 자의 부활이 있다고 백성을 가르치고 전함을 싫어하여
3. 그들을 잡으매 날이 이미 저물었으므로 이튿날까지 가두었으나
4. 말씀을 들은 사람 중에 믿는 자가 많으니 남자의 수가 약 오천이나 되었더라
5. 이튿날 관리들과 장로들과 서기관들이 예루살렘에 모였는데

6. 대제사장 안나스와 가야바와 요한과 알렉산더와 및 대제사장의 문중이 다 참여하여
7. 사도들을 가운데 세우고 묻되 너희가 무슨 권세와 누구의 이름으로 이 일을 행하였느냐
8. 이에 베드로가 성령이 충만하여 이르되 백성의 관리들과 장로들아
9. 만일 병자에게 행한 착한 일에 대하여 이 사람이 어떻게 구원을 받았느냐고 오늘 우리에게 질문한다면
10. 너희와 모든 이스라엘 백성들은 알라 너희가 십자가에 못 박고 하나님이 죽은 자 가운데서 살리신 나사렛 예수 그리스도의 이름으로 이 사람이 건강하게 되어 너희 앞에 섰느니라
11. 이 예수는 너희 건축자들의 버린 돌로서 집 모퉁이의 머릿돌이 되었느니라
12. 다른 이로써는 구원을 받을 수 없나니 천하 사람 중에 구원을 받을 만한 다른 이름을 우리에게 주신 일이 없음이라 하였더라
13. 그들이 베드로와 요한이 담대하게 말함을 보고 그들을 본래 학문 없는 범인으로 알았다가 이상히 여기며 또 전에 예수와 함께 있던 줄도 알고
14. 또 병 나은 사람이 그들과 함께 서 있는 것을 보고 비난할 말이 없는지라
15. 명하여 공회에서 나가라 하고 서로 의논하여 이르되
16. 이 사람들을 어떻게 할까 그들로 말미암아 유명한 표적 나타난 것이 예루살렘에 사는 모든 사람에게 알려졌으니 우리도 부인할 수 없는지라
17. 이것이 민간에 더 퍼지지 못하게 그들을 위협하여 이 후에는 이 이름으로 아무에게도 말하지 말게 하자 하고
18. 그들을 불러 경고하여 도무지 예수의 이름으로 말하지도 말고 가르치지도 말라

6. 대제사장 안나스와 가야바와 요한과 알렉산더와 및 대제사장의 문중이 다 참여하여
7. 사도들을 가운데 세우고 묻되 너희가 무슨 권세와 누구의 이름으로 이 일을 행하였느냐
8. 이에 베드로가 성령이 충만하여 이르되 백성의 관리들과 장로들아
9. 만일 병자에게 행한 착한 일에 대하여 이 사람이 어떻게 구원을 받았느냐고 오늘 우리에게 질문한다면
10. 너희와 모든 이스라엘 백성들은 알라 너희가 십자가에 못 박고 하나님이 죽은 자 가운데서 살리신 나사렛 예수 그리스도의 이름으로 이 사람이 건강하게 되어 너희 앞에 섰느니라
11. 이 예수는 너희 건축자들의 버린 돌로서 집 모퉁이의 머릿돌이 되었느니라
12. 다른 이로써는 구원을 받을 수 없나니 천하 사람 중에 구원을 받을 만한 다른 이름을 우리에게 주신 일이 없음이라 하였더라
13. 그들이 베드로와 요한이 담대하게 말함을 보고 그들을 본래 학문 없는 범인으로 알았다가 이상히 여기며 또 전에 예수와 함께 있던 줄도 알고
14. 또 병 나은 사람이 그들과 함께 서 있는 것을 보고 비난할 말이 없는지라
15. 명하여 공회에서 나가라 하고 서로 의논하여 이르되
16. 이 사람들을 어떻게 할까 그들로 말미암아 유명한 표적 나타난 것이 예루살렘에 사는 모든 사람에게 알려졌으니 우리도 부인할 수 없는지라
17. 이것이 민간에 더 퍼지지 못하게 그들을 위협하여 이 후에는 이 이름으로 아무에게도 말하지 말게 하자 하고
18. 그들을 불러 경고하여 도무지 예수의 이름으로 말하지도 말고 가르치지도 말라

하니
19. 베드로와 요한이 대답하여 이르되 하나님 앞에서 너희의 말을 듣는 것이 하나님의 말씀을 듣는 것보다 옳은가 판단하라
20. 우리는 보고 들은 것을 말하지 아니할 수 없다 하니
21. 관리들이 백성들 때문에 그들을 어떻게 처벌할지 방법을 찾지 못하고 다시 위협하여 놓아 주었으니 이는 모든 사람이 그 된 일을 보고 하나님께 영광을 돌림이라
22. 이 표적으로 병 나은 사람은 사십여 세나 되었더라
23. 사도들이 놓이매 그 동료에게 가서 제사장들과 장로들의 말을 다 알리니
24. 그들이 듣고 한마음으로 하나님께 소리를 높여 이르되 대주재여 천지와 바다와 그 가운데 만물을 지은 이시요
25. 또 주의 종 우리 조상 다윗의 입을 통하여 성령으로 말씀하시기를 어찌하여 열방이 분노하며 족속들이 허사를 경영하였는고
26. 세상의 군왕들이 나서며 관리들이 함께 모여 주와 그의 그리스도를 대적하도다 하신 이로소이다
27. 과연 헤롯과 본디오 빌라도는 이방인과 이스라엘 백성과 합세하여 하나님께서 기름 부으신 거룩한 종 예수를 거슬러
28. 하나님의 권능과 뜻대로 이루려고 예정하신 그것을 행하려고 이 성에 모였나이다
29. 주여 이제도 그들의 위협함을 굽어보시옵고 또 종들로 하여금 담대히 하나님의 말씀을 전하게 하여 주시오며
30. 손을 내밀어 병을 낫게 하시옵고 표적과 기사가 거룩한 종 예수의 이름

하니
19. 베드로와 요한이 대답하여 이르되 하나님 앞에서 너희의 말을 듣는 것
이 하나님의 말씀을 듣는 것보다 옳은가 판단하라
20. 우리는 보고 들은 것을 말하지 아니할 수 없다 하니
21. 관리들이 백성들 때문에 그들을 어떻게 처벌할지 방법을 찾지 못하고
다시 위협하여 놓아 주었으니 이는 모든 사람이 그 된 일을 보고 하나
님께 영광을 돌림이라
22. 이 표적으로 병 나은 사람은 사십여 세나 되었더라
23. 사도들이 놓이매 그 동료에게 가서 제사장들과 장로들의 말을 다 알리니
24. 그들이 듣고 한마음으로 하나님께 소리를 높여 이르되 대주재여 천지와
바다와 그 가운데 만물을 지은 이시요
25. 또 주의 종 우리 조상 다윗의 입을 통하여 성령으로 말씀하시기를 어찌
하여 열방이 분노하며 족속들이 허사를 경영하였는고
26. 세상의 군왕들이 나서며 관리들이 함께 모여 주와 그의 그리스도를 대
적하도다 하신 이로소이다
27. 과연 헤롯과 본디오 빌라도는 이방인과 이스라엘 백성과 합세하여 하나
님께서 기름 부으신 거룩한 종 예수를 거슬러
28. 하나님의 권능과 뜻대로 이루려고 예정하신 그것을 행하려고 이 성에
모였나이다
29. 주여 이제도 그들의 위협함을 굽어보시옵고 또 종들로 하여금 담대히
하나님의 말씀을 전하게 하여 주시오며
30. 손을 내밀어 병을 낫게 하시옵고 표적과 기사가 거룩한 종 예수의 이름

으로 이루어지게 하옵소서 하더라
31. 빌기를 다하매 모인 곳이 진동하더니 무리가 다 성령이 충만하여 담대히 하나
님의 말씀을 전하니라
32. 믿는 무리가 한마음과 한 뜻이 되어 모든 물건을 서로 통용하고 자기 재물을 조
금이라도 자기 것이라 하는 이가 하나도 없더라
33. 사도들이 큰 권능으로 주 예수의 부활을 증언하니 무리가 큰 은혜를 받아
34. 그 중에 가난한 사람이 없으니 이는 밭과 집 있는 자는 팔아 그 판 것의 값을 가
져다가
35. 사도들의 발 앞에 두매 그들이 각 사람의 필요를 따라 나누어 줌이라
36. 구브로에서 난 레위족 사람이 있으니 이름은 요셉이라 사도들이 일컬어 바나바
라(번역하면 위로의 아들이라) 하니
37. 그가 밭이 있으매 팔아 그 값을 가지고 사도들의 발 앞에 두니라

사도행전 5장

1. 아나니아라 하는 사람이 그의 아내 삽비라와 더불어 소유를 팔아
2. 그 값에서 얼마를 감추매 그 아내도 알더라 얼마만 가져다가 사도들의 발 앞에
두니
3. 베드로가 이르되 아나니아야 어찌하여 사탄이 네 마음에 가득하여 네가 성령을
속이고 땅 값 얼마를 감추었느냐
4. 땅이 그대로 있을 때에는 네 땅이 아니며 판 후에도 네 마음대로 할 수가 없더
냐 어찌하여 이 일을 네 마음에 두었느냐 사람에게 거짓말한 것이 아니요 하나
님께로다

으로 이루어지게 하옵소서 하더라
31. 빌기를 다하매 모인 곳이 진동하더니 무리가 다 성령이 충만하여 담대히 하나
님의 말씀을 전하니라
32. 믿는 무리가 한마음과 한 뜻이 되어 모든 물건을 서로 통용하고 자기 재물을 조
금이라도 자기 것이라 하는 이가 하나도 없더라
33. 사도들이 큰 권능으로 주 예수의 부활을 증언하니 무리가 큰 은혜를 받아
34. 그 중에 가난한 사람이 없으니 이는 밭과 집 있는 자는 팔아 그 판 것의 값을 가
져다가
35. 사도들의 발 앞에 두매 그들이 각 사람의 필요를 따라 나누어 줌이라
36. 구브로에서 난 레위족 사람이 있으니 이름은 요셉이라 사도들이 일컬어 바나바
라(번역하면 위로의 아들이라) 하니
37. 그가 밭이 있으매 팔아 그 값을 가지고 사도들의 발 앞에 두니라

사도행전 5장

1. 아나니아라 하는 사람이 그의 아내 삽비라와 더불어 소유를 팔아
2. 그 값에서 얼마를 감추매 그 아내도 알더라 얼마만 가져다가 사도들의 발 앞에
두니
3. 베드로가 이르되 아나니아야 어찌하여 사탄이 네 마음에 가득하여 네가 성령을
속이고 땅 값 얼마를 감추었느냐
4. 땅이 그대로 있을 때에는 네 땅이 아니며 판 후에도 네 마음대로 할 수가 없더
냐 어찌하여 이 일을 네 마음에 두었느냐 사람에게 거짓말한 것이 아니요 하나
님께로다

5. 아나니아가 이 말을 듣고 엎드러져 혼이 떠나니 이 일을 듣는 사람이 다 크게 두려워하더라
6. 젊은 사람들이 일어나 시신을 싸서 메고 나가 장사하니라
7. 세 시간쯤 지나 그의 아내가 그 일어난 일을 알지 못하고 들어오니
8. 베드로가 이르되 그 땅 판 값이 이것뿐이냐 내게 말하라 하니 이르되 예 이것뿐이라 하더라
9. 베드로가 이르되 너희가 어찌 함께 꾀하여 주의 영을 시험하려 하느냐 보라 네 남편을 장사하고 오는 사람들의 발이 문 앞에 이르렀으니 또 너를 메어 내가리라 하니
10. 곧 그가 베드로의 발 앞에 엎드러져 혼이 떠나는지라 젊은 사람들이 들어와 죽은 것을 보고 메어다가 그의 남편 곁에 장사하니
11. 온 교회와 이 일을 듣는 사람들이 다 크게 두려워하니라
12. 사도들의 손을 통하여 민간에 표적과 기사가 많이 일어나매 믿는 사람이 다 마음을 같이하여 솔로몬 행각에 모이고
13. 그 나머지는 감히 그들과 상종하는 사람이 없으나 백성이 칭송하더라
14. 믿고 주께로 나아오는 자가 더 많으니 남녀의 큰 무리더라
15. 심지어 병든 사람을 메고 거리에 나가 침대와 요 위에 누이고 베드로가 지날 때에 혹 그의 그림자라도 누구에게 덮일까 바라고
16. 예루살렘 부근의 수많은 사람들도 모여 병든 사람과 더러운 귀신에게 괴로움 받는 사람을 데리고 와서 다 나음을 얻으니라
17. 대제사장과 그와 함께 있는 사람 즉 사두개인의 당파가 다 마음에 시기가 가득하여 일어나서

5. 아나니아가 이 말을 듣고 엎드러져 혼이 떠나니 이 일을 듣는 사람이 다 크게 두려워하더라
6. 젊은 사람들이 일어나 시신을 싸서 메고 나가 장사하니라
7. 세 시간쯤 지나 그의 아내가 그 일어난 일을 알지 못하고 들어오니
8. 베드로가 이르되 그 땅 판 값이 이것뿐이냐 내게 말하라 하니 이르되 예 이것뿐이라 하더라
9. 베드로가 이르되 너희가 어찌 함께 꾀하여 주의 영을 시험하려 하느냐 보라 네 남편을 장사하고 오는 사람들의 발이 문 앞에 이르렀으니 또 너를 메어 내가리라 하니
10. 곧 그가 베드로의 발 앞에 엎드러져 혼이 떠나는지라 젊은 사람들이 들어와 죽은 것을 보고 메어다가 그의 남편 곁에 장사하니
11. 온 교회와 이 일을 듣는 사람들이 다 크게 두려워하니라
12. 사도들의 손을 통하여 민간에 표적과 기사가 많이 일어나매 믿는 사람이 다 마음을 같이하여 솔로몬 행각에 모이고
13. 그 나머지는 감히 그들과 상종하는 사람이 없으나 백성이 칭송하더라
14. 믿고 주께로 나아오는 자가 더 많으니 남녀의 큰 무리더라
15. 심지어 병든 사람을 메고 거리에 나가 침대와 요 위에 누이고 베드로가 지날 때에 혹 그의 그림자라도 누구에게 덮일까 바라고
16. 예루살렘 부근의 수많은 사람들도 모여 병든 사람과 더러운 귀신에게 괴로움 받는 사람을 데리고 와서 다 나음을 얻으니라
17. 대제사장과 그와 함께 있는 사람 즉 사두개인의 당파가 다 마음에 시기가 가득하여 일어나서

18. 사도들을 잡아다가 옥에 가두었더니
19. 주의 사자가 밤에 옥문을 열고 끌어내어 이르되
20. 가서 성전에 서서 이 생명의 말씀을 다 백성에게 말하라 하매
21. 그들이 듣고 새벽에 성전에 들어가서 가르치더니 대제사장과 그와 함께 있는 사람들이 와서 공회와 이스라엘 족속의 원로들을 다 모으고 사람을 옥에 보내어 사도들을 잡아오라 하니
22. 부하들이 가서 옥에서 사도들을 보지 못하고 돌아와
23. 이르되 우리가 보니 옥은 든든하게 잠기고 지키는 사람들이 문에 서 있으되 문을 열고 본즉 그 안에는 한 사람도 없더이다 하니
24. 성전 맡은 자와 제사장들이 이 말을 듣고 의혹하여 이 일이 어찌 될까 하더니
25. 사람이 와서 알리되 보소서 옥에 가두었던 사람들이 성전에 서서 백성을 가르치더이다 하니
26. 성전 맡은 자가 부하들과 같이 가서 그들을 잡아왔으나 강제로 못함은 백성들이 돌로 칠까 두려워함이더라
27. 그들을 끌어다가 공회 앞에 세우니 대제사장이 물어
28. 이르되 우리가 이 이름으로 사람을 가르치지 말라고 엄금하였으되 너희가 너희 가르침을 예루살렘에 가득하게 하니 이 사람의 피를 우리에게로 돌리고자 함이로다
29. 베드로와 사도들이 대답하여 이르되 사람보다 하나님께 순종하는 것이 마땅하니라
30. 너희가 나무에 달아 죽인 예수를 우리 조상의 하나님이 살리시고
31. 이스라엘에게 회개함과 죄 사함을 주시려고 그를 오른손으로 높이사 임금과 구

18. 사도들을 잡아다가 옥에 가두었더니
19. 주의 사자가 밤에 옥문을 열고 끌어내어 이르되
20. 가서 성전에 서서 이 생명의 말씀을 다 백성에게 말하라 하매
21. 그들이 듣고 새벽에 성전에 들어가서 가르치더니 대제사장과 그와 함께 있는 사람들이 와서 공회와 이스라엘 족속의 원로들을 다 모으고 사람을 옥에 보내어 사도들을 잡아오라 하니
22. 부하들이 가서 옥에서 사도들을 보지 못하고 돌아와
23. 이르되 우리가 보니 옥은 든든하게 잠기고 지키는 사람들이 문에 서 있으되 문을 열고 본즉 그 안에는 한 사람도 없더이다 하니
24. 성전 맡은 자와 제사장들이 이 말을 듣고 의혹하여 이 일이 어찌 될까 하더니
25. 사람이 와서 알리되 보소서 옥에 가두었던 사람들이 성전에 서서 백성을 가르치더이다 하니
26. 성전 맡은 자가 부하들과 같이 가서 그들을 잡아왔으나 강제로 못함은 백성들이 돌로 칠까 두려워함이더라
27. 그들을 끌어다가 공회 앞에 세우니 대제사장이 물어
28. 이르되 우리가 이 이름으로 사람을 가르치지 말라고 엄금하였으되 너희가 너희 가르침을 예루살렘에 가득하게 하니 이 사람의 피를 우리에게로 돌리고자 함이로다
29. 베드로와 사도들이 대답하여 이르되 사람보다 하나님께 순종하는 것이 마땅하니라
30. 너희가 나무에 달아 죽인 예수를 우리 조상의 하나님이 살리시고
31. 이스라엘에게 회개함과 죄 사함을 주시려고 그를 오른손으로 높이사 임금과 구

주로 삼으셨느니라
32. 우리는 이 일에 증인이요 하나님이 자기에게 순종하는 사람들에게 주신
성령도 그러하니라 하더라
33. 그들이 듣고 크게 노하여 사도들을 없이하고자 할새
34. 바리새인 가말리엘은 율법교사로 모든 백성에게 존경을 받는 자라 공회
중에 일어나 명하여 사도들을 잠깐 밖에 나가게 하고
35. 말하되 이스라엘 사람들아 너희가 이 사람들에게 대하여 어떻게 하려는
지 조심하라
36. 이 전에 드다가 일어나 스스로 선전하매 사람이 약 사백 명이나 따르더
니 그가 죽임을 당하매 따르던 모든 사람들이 흩어져 없어졌고
37. 그 후 호적할 때에 갈릴리의 유다가 일어나 백성을 꾀어 따르게 하다가
그도 망한즉 따르던 모든 사람들이 흩어졌느니라
38. 이제 내가 너희에게 말하노니 이 사람들을 상관하지 말고 버려 두라 이
사상과 이 소행이 사람으로부터 났으면 무너질 것이요
39. 만일 하나님께로부터 났으면 너희가 그들을 무너뜨릴 수 없겠고 도리어
하나님을 대적하는 자가 될까 하노라 하니
40. 그들이 옳게 여겨 사도들을 불러들여 채찍질하며 예수의 이름으로 말하
는 것을 금하고 놓으니
41. 사도들은 그 이름을 위하여 능욕 받는 일에 합당한 자로 여기심을 기뻐
하면서 공회 앞을 떠나니라
42. 그들이 날마다 성전에 있든지 집에 있든지 예수는 그리스도라고 가르치
기와 전도하기를 그치지 아니하니라

주로 삼으셨느니라
32. 우리는 이 일에 증인이요 하나님이 자기에게 순종하는 사람들에게 주신
성령도 그러하니라 하더라
33. 그들이 듣고 크게 노하여 사도들을 없이하고자 할새
34. 바리새인 가말리엘은 율법교사로 모든 백성에게 존경을 받는 자라 공회
중에 일어나 명하여 사도들을 잠깐 밖에 나가게 하고
35. 말하되 이스라엘 사람들아 너희가 이 사람들에게 대하여 어떻게 하려는
지 조심하라
36. 이 전에 드다가 일어나 스스로 선전하매 사람이 약 사백 명이나 따르더
니 그가 죽임을 당하매 따르던 모든 사람들이 흩어져 없어졌고
37. 그 후 호적할 때에 갈릴리의 유다가 일어나 백성을 꾀어 따르게 하다가
그도 망한즉 따르던 모든 사람들이 흩어졌느니라
38. 이제 내가 너희에게 말하노니 이 사람들을 상관하지 말고 버려 두라 이
사상과 이 소행이 사람으로부터 났으면 무너질 것이요
39. 만일 하나님께로부터 났으면 너희가 그들을 무너뜨릴 수 없겠고 도리어
하나님을 대적하는 자가 될까 하노라 하니
40. 그들이 옳게 여겨 사도들을 불러들여 채찍질하며 예수의 이름으로 말하
는 것을 금하고 놓으니
41. 사도들은 그 이름을 위하여 능욕 받는 일에 합당한 자로 여기심을 기뻐
하면서 공회 앞을 떠나니라
42. 그들이 날마다 성전에 있든지 집에 있든지 예수는 그리스도라고 가르치
기와 전도하기를 그치지 아니하니라

사도행전 6장

1. 그 때에 제자가 더 많아졌는데 헬라파 유대인들이 자기의 과부들이 매일의 구제에 빠지므로 히브리파 사람을 원망하니
2. 열두 사도가 모든 제자를 불러 이르되 우리가 하나님의 말씀을 제쳐 놓고 접대를 일삼는 것이 마땅하지 아니하니
3. 형제들아 너희 가운데서 성령과 지혜가 충만하여 칭찬 받는 사람 일곱을 택하라 우리가 이 일을 그들에게 맡기고
4. 우리는 오로지 기도하는 일과 말씀 사역에 힘쓰리라 하니
5. 온 무리가 이 말을 기뻐하여 믿음과 성령이 충만한 사람 스데반과 또 빌립과 브로고로와 니가노르와 디몬과 바메나와 유대교에 입교했던 안디옥 사람 니골라를 택하여
6. 사도들 앞에 세우니 사도들이 기도하고 그들에게 안수하니라
7. 하나님의 말씀이 점점 왕성하여 예루살렘에 있는 제자의 수가 더 심히 많아지고 허다한 제사장의 무리도 이 도에 복종하니라
8. 스데반이 은혜와 권능이 충만하여 큰 기사와 표적을 민간에 행하니
9. 이른 바 자유민들 즉 구레네인, 알렉산드리아인, 길리기아와 아시아에서 온 사람들의 회당에서 어떤 자들이 일어나 스데반과 더불어 논쟁할새
10. 스데반이 지혜와 성령으로 말함을 그들이 능히 당하지 못하여
11. 사람들을 매수하여 말하게 하되 이 사람이 모세와 하나님을 모독하는 말을 하는 것을 우리가 들었노라 하게 하고
12. 백성과 장로와 서기관들을 충동시켜 와서 잡아가지고 공회에 이르러
13. 거짓 증인들을 세우니 이르되 이 사람이 이 거룩한 곳과 율법을 거슬러 말하기

사도행전 6장

1. 그 때에 제자가 더 많아졌는데 헬라파 유대인들이 자기의 과부들이 매일의 구
제에 빠지므로 히브리파 사람을 원망하니
2. 열두 사도가 모든 제자를 불러 이르되 우리가 하나님의 말씀을 제쳐 놓고 접대
를 일삼는 것이 마땅하지 아니하니
3. 형제들아 너희 가운데서 성령과 지혜가 충만하여 칭찬 받는 사람 일곱을 택하
라 우리가 이 일을 그들에게 맡기고
4. 우리는 오로지 기도하는 일과 말씀 사역에 힘쓰리라 하니
5. 온 무리가 이 말을 기뻐하여 믿음과 성령이 충만한 사람 스데반과 또 빌립과 브
로고로와 니가노르와 디몬과 바메나와 유대교에 입교했던 안디옥 사람 니골라
를 택하여
6. 사도들 앞에 세우니 사도들이 기도하고 그들에게 안수하니라
7. 하나님의 말씀이 점점 왕성하여 예루살렘에 있는 제자의 수가 더 심히 많아지
고 허다한 제사장의 무리도 이 도에 복종하니라
8. 스데반이 은혜와 권능이 충만하여 큰 기사와 표적을 민간에 행하니
9. 이른 바 자유민들 즉 구레네인, 알렉산드리아인, 길리기아와 아시아에서 온 사
람들의 회당에서 어떤 자들이 일어나 스데반과 더불어 논쟁할새
10. 스데반이 지혜와 성령으로 말함을 그들이 능히 당하지 못하여
11. 사람들을 매수하여 말하게 하되 이 사람이 모세와 하나님을 모독하는 말을 하
는 것을 우리가 들었노라 하게 하고
12. 백성과 장로와 서기관들을 충동시켜 와서 잡아가지고 공회에 이르러
13. 거짓 증인들을 세우니 이르되 이 사람이 이 거룩한 곳과 율법을 거슬러 말하기

를 마지 아니하는도다

14. 그의 말에 이 나사렛 예수가 이 곳을 헐고 또 모세가 우리에게 전하여 준 규례를 고치겠다 함을 우리가 들었노라 하거늘

15. 공회 중에 앉은 사람들이 다 스데반을 주목하여 보니 그 얼굴이 천사의 얼굴과 같더라

사도행전 7장

1. 대제사장이 이르되 이것이 사실이냐
2. 스데반이 이르되 여러분 부형들이여 들으소서 우리 조상 아브라함이 하란에 있기 전 메소보다미아에 있을 때에 영광의 하나님이 그에게 보여
3. 이르시되 네 고향과 친척을 떠나 내가 네게 보일 땅으로 가라 하시니
4. 아브라함이 갈대아 사람의 땅을 떠나 하란에 거하다가 그의 아버지가 죽으매 하나님이 그를 거기서 너희 지금 사는 이 땅으로 옮기셨느니라
5. 그러나 여기서 발 붙일 만한 땅도 유업으로 주지 아니하시고 다만 이 땅을 아직 자식도 없는 그와 그의 후손에게 소유로 주신다고 약속하셨으며
6. 하나님이 또 이같이 말씀하시되 그 후손이 다른 땅에서 나그네가 되리니 그 땅 사람들이 종으로 삼아 사백 년 동안을 괴롭게 하리라 하시고
7. 또 이르시되 종 삼는 나라를 내가 심판하리니 그 후에 그들이 나와서 이 곳에서 나를 섬기리라 하시고
8. 할례의 언약을 아브라함에게 주셨더니 그가 이삭을 낳아 여드레 만에 할례를 행하고 이삭이 야곱을, 야곱이 우리 열두 조상을 낳으니라

를 마지 아니하는도다

14. 그의 말에 이 나사렛 예수가 이 곳을 헐고 또 모세가 우리에게 전하여 준 규례를 고치겠다 함을 우리가 들었노라 하거늘

15. 공회 중에 앉은 사람들이 다 스데반을 주목하여 보니 그 얼굴이 천사의 얼굴과 같더라

사도행전 7장

1. 대제사장이 이르되 이것이 사실이냐
2. 스데반이 이르되 여러분 부형들이여 들으소서 우리 조상 아브라함이 하란에 있기 전 메소보다미아에 있을 때에 영광의 하나님이 그에게 보여
3. 이르시되 네 고향과 친척을 떠나 내가 네게 보일 땅으로 가라 하시니
4. 아브라함이 갈대아 사람의 땅을 떠나 하란에 거하다가 그의 아버지가 죽으매 하나님이 그를 거기서 너희 지금 사는 이 땅으로 옮기셨느니라
5. 그러나 여기서 발 붙일 만한 땅도 유업으로 주지 아니하시고 다만 이 땅을 아직 자식도 없는 그와 그의 후손에게 소유로 주신다고 약속하셨으며
6. 하나님이 또 이같이 말씀하시되 그 후손이 다른 땅에서 나그네가 되리니 그 땅 사람들이 종으로 삼아 사백 년 동안을 괴롭게 하리라 하시고
7. 또 이르시되 종 삼는 나라를 내가 심판하리니 그 후에 그들이 나와서 이 곳에서 나를 섬기리라 하시고
8. 할례의 언약을 아브라함에게 주셨더니 그가 이삭을 낳아 여드레 만에 할례를 행하고 이삭이 야곱을, 야곱이 우리 열두 조상을 낳으니라

9. 여러 조상이 요셉을 시기하여 애굽에 팔았더니 하나님이 그와 함께 계셔
10. 그 모든 환난에서 건져내사 애굽 왕 바로 앞에서 은총과 지혜를 주시매 바로가 그를 애굽과 자기 온 집의 통치자로 세웠느니라
11. 그 때에 애굽과 가나안 온 땅에 흉년이 들어 큰 환난이 있을새 우리 조상들이 양식이 없는지라
12. 야곱이 애굽에 곡식 있다는 말을 듣고 먼저 우리 조상들을 보내고
13. 또 재차 보내매 요셉이 자기 형제들에게 알려지게 되고 또 요셉의 친족이 바로에게 드러나게 되니라
14. 요셉이 사람을 보내어 그의 아버지 야곱과 온 친족 일흔다섯 사람을 청하였더니
15. 야곱이 애굽으로 내려가 자기와 우리 조상들이 거기서 죽고
16. 세겜으로 옮겨져 아브라함이 세겜 하몰의 자손에게서 은으로 값 주고 산 무덤에 장사되니라
17. 하나님이 아브라함에게 약속하신 때가 가까우매 이스라엘 백성이 애굽에서 번성하여 많아졌더니
18. 요셉을 알지 못하는 새 임금이 애굽 왕위에 오르매
19. 그가 우리 족속에게 교활한 방법을 써서 조상들을 괴롭게 하여 그 어린 아이들을 내버려 살지 못하게 하려 할새
20. 그 때에 모세가 났는데 하나님 보시기에 아름다운지라 그의 아버지의 집에서 석 달 동안 길리더니
21. 버려진 후에 바로의 딸이 그를 데려다가 자기 아들로 기르매
22. 모세가 애굽 사람의 모든 지혜를 배워 그의 말과 하는 일들이 능하더라
23. 나이가 사십이 되매 그 형제 이스라엘 자손을 돌볼 생각이 나더니

9. 여러 조상이 요셉을 시기하여 애굽에 팔았더니 하나님이 그와 함께 계셔
10. 그 모든 환난에서 건져내사 애굽 왕 바로 앞에서 은총과 지혜를 주시매 바로가
그를 애굽과 자기 온 집의 통치자로 세웠느니라
11. 그 때에 애굽과 가나안 온 땅에 흉년이 들어 큰 환난이 있을새 우리 조상들이
양식이 없는지라
12. 야곱이 애굽에 곡식 있다는 말을 듣고 먼저 우리 조상들을 보내고
13. 또 재차 보내매 요셉이 자기 형제들에게 알려지게 되고 또 요셉의 친족이 바로
에게 드러나게 되니라
14. 요셉이 사람을 보내어 그의 아버지 야곱과 온 친족 일흔다섯 사람을 청하였더니
15. 야곱이 애굽으로 내려가 자기와 우리 조상들이 거기서 죽고
16. 세겜으로 옮겨져 아브라함이 세겜 하몰의 자손에게서 은으로 값 주고 산 무덤
에 장사되니라
17. 하나님이 아브라함에게 약속하신 때가 가까우매 이스라엘 백성이 애굽에서 번
성하여 많아졌더니
18. 요셉을 알지 못하는 새 임금이 애굽 왕위에 오르매
19. 그가 우리 족속에게 교활한 방법을 써서 조상들을 괴롭게 하여 그 어린 아이들
을 내버려 살지 못하게 하려 할새
20. 그 때에 모세가 났는데 하나님 보시기에 아름다운지라 그의 아버지의 집에서
석 달 동안 길리더니
21. 버려진 후에 바로의 딸이 그를 데려다가 자기 아들로 기르매
22. 모세가 애굽 사람의 모든 지혜를 배워 그의 말과 하는 일들이 능하더라
23. 나이가 사십이 되매 그 형제 이스라엘 자손을 돌볼 생각이 나더니

24. 한 사람이 원통한 일 당함을 보고 보호하여 압제 받는 자를 위하여 원수를 갚아 애굽 사람을 쳐 죽이니라
25. 그는 그의 형제들이 하나님께서 자기의 손을 통하여 구원해 주시는 것을 깨달으리라고 생각하였으나 그들이 깨닫지 못하였더라
26. 이튿날 이스라엘 사람끼리 싸울 때에 모세가 와서 화해시키려 하여 이르되 너희는 형제인데 어찌 서로 해치느냐 하니
27. 그 동무를 해치는 사람이 모세를 밀어뜨려 이르되 누가 너를 관리와 재판장으로 우리 위에 세웠느냐
28. 네가 어제는 애굽 사람을 죽임과 같이 또 나를 죽이려느냐 하니
29. 모세가 이 말 때문에 도주하여 미디안 땅에서 나그네 되어 거기서 아들 둘을 낳으니라
30. 사십 년이 차매 천사가 시내 산 광야 가시나무 떨기 불꽃 가운데서 그에게 보이거늘
31. 모세가 그 광경을 보고 놀랍게 여겨 알아보려고 가까이 가니 주의 소리가 있어
32. 나는 네 조상의 하나님 즉 아브라함과 이삭과 야곱의 하나님이라 하신대 모세가 무서워 감히 바라보지 못하더라
33. 주께서 이르시되 네 발의 신을 벗으라 네가 서 있는 곳은 거룩한 땅이니라
34. 내 백성이 애굽에서 괴로움 받음을 내가 확실히 보고 그 탄식하는 소리를 듣고 그들을 구원하려고 내려왔노니 이제 내가 너를 애굽으로 보내리라 하시니라

24. 한 사람이 원통한 일 당함을 보고 보호하여 압제 받는 자를 위하여 원수를 갚아 애굽 사람을 쳐 죽이니라
25. 그는 그의 형제들이 하나님께서 자기의 손을 통하여 구원해 주시는 것을 깨달으리라고 생각하였으나 그들이 깨닫지 못하였더라
26. 이튿날 이스라엘 사람끼리 싸울 때에 모세가 와서 화해시키려 하여 이르되 너희는 형제인데 어찌 서로 해치느냐 하니
27. 그 동무를 해치는 사람이 모세를 밀어뜨려 이르되 누가 너를 관리와 재판장으로 우리 위에 세웠느냐
28. 네가 어제는 애굽 사람을 죽임과 같이 또 나를 죽이려느냐 하니
29. 모세가 이 말 때문에 도주하여 미디안 땅에서 나그네 되어 거기서 아들 둘을 낳으니라
30. 사십 년이 차매 천사가 시내 산 광야 가시나무 떨기 불꽃 가운데서 그에게 보이거늘
31. 모세가 그 광경을 보고 놀랍게 여겨 알아보려고 가까이 가니 주의 소리가 있어
32. 나는 네 조상의 하나님 즉 아브라함과 이삭과 야곱의 하나님이라 하신대 모세가 무서워 감히 바라보지 못하더라
33. 주께서 이르시되 네 발의 신을 벗으라 네가 서 있는 곳은 거룩한 땅이니라
34. 내 백성이 애굽에서 괴로움 받음을 내가 확실히 보고 그 탄식하는 소리를 듣고 그들을 구원하려고 내려왔노니 이제 내가 너를 애굽으로 보내리라 하시니라

35. 그들의 말이 누가 너를 관리와 재판장으로 세웠느냐 하며 거절하던 그 모세를 하나님은 가시나무 떨기 가운데서 보이던 천사의 손으로 관리와 속량하는 자로서 보내셨으니
36. 이 사람이 백성을 인도하여 나오게 하고 애굽과 홍해와 광야에서 사십 년간 기사와 표적을 행하였느니라
37. 이스라엘 자손에 대하여 하나님이 너희 형제 가운데서 나와 같은 선지자를 세우리라 하던 자가 곧 이 모세라
38. 시내 산에서 말하던 그 천사와 우리 조상들과 함께 광야 교회에 있었고 또 살아 있는 말씀을 받아 우리에게 주던 자가 이 사람이라
39. 우리 조상들이 모세에게 복종하지 아니하고자 하여 거절하며 그 마음이 도리어 애굽으로 향하여
40. 아론더러 이르되 우리를 인도할 신들을 우리를 위하여 만들라 애굽 땅에서 우리를 인도하던 이 모세는 어떻게 되었는지 알지 못하노라 하고
41. 그 때에 그들이 송아지를 만들어 그 우상 앞에 제사하며 자기 손으로 만든 것을 기뻐하더니
42. 하나님이 외면하사 그들을 그 하늘의 군대 섬기는 일에 버려 두셨으니 이는 선지자의 책에 기록된 바 이스라엘의 집이여 너희가 광야에서 사십 년간 희생과 제물을 내게 드린 일이 있었느냐
43. 몰록의 장막과 신 레판의 별을 받들었음이여 이것은 너희가 절하고자 하여 만든 형상이로다 내가 너희를 바벨론 밖으로 옮기리라 함과 같으니라
44. 광야에서 우리 조상들에게 증거의 장막이 있었으니 이것은 모세에게 말씀하신 이가 명하사 그가 본 그 양식대로 만들게 하신 것이라

35. 그들의 말이 누가 너를 관리와 재판장으로 세웠느냐 하며 거절하던 그 모세를 하나님은 가시나무 떨기 가운데서 보이던 천사의 손으로 관리와 속량하는 자로서 보내셨으니
36. 이 사람이 백성을 인도하여 나오게 하고 애굽과 홍해와 광야에서 사십 년간 기사와 표적을 행하였느니라
37. 이스라엘 자손에 대하여 하나님이 너희 형제 가운데서 나와 같은 선지자를 세우리라 하던 자가 곧 이 모세라
38. 시내 산에서 말하던 그 천사와 우리 조상들과 함께 광야 교회에 있었고 또 살아 있는 말씀을 받아 우리에게 주던 자가 이 사람이라
39. 우리 조상들이 모세에게 복종하지 아니하고자 하여 거절하며 그 마음이 도리어 애굽으로 향하여
40. 아론더러 이르되 우리를 인도할 신들을 우리를 위하여 만들라 애굽 땅에서 우리를 인도하던 이 모세는 어떻게 되었는지 알지 못하노라 하고
41. 그 때에 그들이 송아지를 만들어 그 우상 앞에 제사하며 자기 손으로 만든 것을 기뻐하더니
42. 하나님이 외면하사 그들을 그 하늘의 군대 섬기는 일에 버려 두셨으니 이는 선지자의 책에 기록된 바 이스라엘의 집이여 너희가 광야에서 사십 년간 희생과 제물을 내게 드린 일이 있었느냐
43. 몰록의 장막과 신 레판의 별을 받들었음이여 이것은 너희가 절하고자 하여 만든 형상이로다 내가 너희를 바벨론 밖으로 옮기리라 함과 같으니라
44. 광야에서 우리 조상들에게 증거의 장막이 있었으니 이것은 모세에게 말씀하신 이가 명하사 그가 본 그 양식대로 만들게 하신 것이라

45. 우리 조상들이 그것을 받아 하나님이 그들 앞에서 쫓아내신 이방인의 땅을 점령할 때에 여호수아와 함께 가지고 들어가서 다윗 때까지 이르니라
46. 다윗이 하나님 앞에서 은혜를 받아 야곱의 집을 위하여 하나님의 처소를 준비하게 하여 달라고 하더니
47. 솔로몬이 그를 위하여 집을 지었느니라
48. 그러나 지극히 높으신 이는 손으로 지은 곳에 계시지 아니하시나니 선지자가 말한 바
49. 주께서 이르시되 하늘은 나의 보좌요 땅은 나의 발등상이니 너희가 나를 위하여 무슨 집을 짓겠으며 나의 안식할 처소가 어디냐
50. 이 모든 것이 다 내 손으로 지은 것이 아니냐 함과 같으니라
51. 목이 곧고 마음과 귀에 할례를 받지 못한 사람들아 너희도 너희 조상과 같이 항상 성령을 거스르는도다
52. 너희 조상들이 선지자들 중의 누구를 박해하지 아니하였느냐 의인이 오시리라 예고한 자들을 그들이 죽였고 이제 너희는 그 의인을 잡아 준 자요 살인한 자가 되나니
53. 너희는 천사가 전한 율법을 받고도 지키지 아니하였도다 하니라
54. 그들이 이 말을 듣고 마음에 찔려 그를 향하여 이를 갈거늘
55. 스데반이 성령 충만하여 하늘을 우러러 주목하여 하나님의 영광과 및 예수께서 하나님 우편에 서신 것을 보고
56. 말하되 보라 하늘이 열리고 인자가 하나님 우편에 서신 것을 보노라 한대

45. 우리 조상들이 그것을 받아 하나님이 그들 앞에서 쫓아내신 이방인의
땅을 점령할 때에 여호수아와 함께 가지고 들어가서 다윗 때까지 이르
니라
46. 다윗이 하나님 앞에서 은혜를 받아 야곱의 집을 위하여 하나님의 처소
를 준비하게 하여 달라고 하더니
47. 솔로몬이 그를 위하여 집을 지었느니라
48. 그러나 지극히 높으신 이는 손으로 지은 곳에 계시지 아니하시나니 선
지자가 말한 바
49. 주께서 이르시되 하늘은 나의 보좌요 땅은 나의 발등상이니 너희가 나
를 위하여 무슨 집을 짓겠으며 나의 안식할 처소가 어디냐
50. 이 모든 것이 다 내 손으로 지은 것이 아니냐 함과 같으니라
51. 목이 곧고 마음과 귀에 할례를 받지 못한 사람들아 너희도 너희 조상과
같이 항상 성령을 거스르는도다
52. 너희 조상들이 선지자들 중의 누구를 박해하지 아니하였느냐 의인이 오
시리라 예고한 자들을 그들이 죽였고 이제 너희는 그 의인을 잡아 준
자요 살인한 자가 되나니
53. 너희는 천사가 전한 율법을 받고도 지키지 아니하였도다 하니라
54. 그들이 이 말을 듣고 마음에 찔려 그를 향하여 이를 갈거늘
55. 스데반이 성령 충만하여 하늘을 우러러 주목하여 하나님의 영광과 및
예수께서 하나님 우편에 서신 것을 보고
56. 말하되 보라 하늘이 열리고 인자가 하나님 우편에 서신 것을 보노라
한대

57. 그들이 큰 소리를 지르며 귀를 막고 일제히 그에게 달려들어
58. 성 밖으로 내치고 돌로 칠새 증인들이 옷을 벗어 사울이라 하는 청년의 발 앞에 두니라
59. 그들이 돌로 스데반을 치니 스데반이 부르짖어 이르되 주 예수여 내 영혼을 받으시옵소서 하고
60. 무릎을 꿇고 크게 불러 이르되 주여 이 죄를 그들에게 돌리지 마옵소서 이 말을 하고 자니라

사도행전 8장

1. 사울은 그가 죽임 당함을 마땅히 여기더라 그 날에 예루살렘에 있는 교회에 큰 박해가 있어 사도 외에는 다 유대와 사마리아 모든 땅으로 흩어지니라
2. 경건한 사람들이 스데반을 장사하고 위하여 크게 울더라
3. 사울이 교회를 잔멸할새 각 집에 들어가 남녀를 끌어다가 옥에 넘기니라
4. 그 흩어진 사람들이 두루 다니며 복음의 말씀을 전할새
5. 빌립이 사마리아 성에 내려가 그리스도를 백성에게 전파하니
6. 무리가 빌립의 말도 듣고 행하는 표적도 보고 한마음으로 그가 하는 말을 따르더라
7. 많은 사람에게 붙었던 더러운 귀신들이 크게 소리를 지르며 나가고 또 많은 중풍병자와 못 걷는 사람이 나으니
8. 그 성에 큰 기쁨이 있더라
9. 그 성에 시몬이라 하는 사람이 전부터 있어 마술을 행하여 사마리아 백성을 놀라게 하며 자칭 큰 자라 하니

57. 그들이 큰 소리를 지르며 귀를 막고 일제히 그에게 달려들어
58. 성 밖으로 내치고 돌로 칠새 증인들이 옷을 벗어 사울이라 하는 청년의 발 앞에 두니라
59. 그들이 돌로 스데반을 치니 스데반이 부르짖어 이르되 주 예수여 내 영혼을 받으시옵소서 하고
60. 무릎을 꿇고 크게 불러 이르되 주여 이 죄를 그들에게 돌리지 마옵소서 이 말을 하고 자니라

사도행전 8장

1. 사울은 그가 죽임 당함을 마땅히 여기더라 그 날에 예루살렘에 있는 교회에 큰 박해가 있어 사도 외에는 다 유대와 사마리아 모든 땅으로 흩어지니라
2. 경건한 사람들이 스데반을 장사하고 위하여 크게 울더라
3. 사울이 교회를 잔멸할새 각 집에 들어가 남녀를 끌어다가 옥에 넘기니라
4. 그 흩어진 사람들이 두루 다니며 복음의 말씀을 전할새
5. 빌립이 사마리아 성에 내려가 그리스도를 백성에게 전파하니
6. 무리가 빌립의 말도 듣고 행하는 표적도 보고 한마음으로 그가 하는 말을 따르더라
7. 많은 사람에게 붙었던 더러운 귀신들이 크게 소리를 지르며 나가고 또 많은 중풍병자와 못 걷는 사람이 나으니
8. 그 성에 큰 기쁨이 있더라
9. 그 성에 시몬이라 하는 사람이 전부터 있어 마술을 행하여 사마리아 백성을 놀라게 하며 자칭 큰 자라 하니

10. 낮은 사람부터 높은 사람까지 다 따르며 이르되 이 사람은 크다 일컫는 하나님의 능력이라 하더라
11. 오랫동안 그 마술에 놀랐으므로 그들이 따르더니
12. 빌립이 하나님 나라와 및 예수 그리스도의 이름에 관하여 전도함을 그들이 믿고 남녀가 다 세례를 받으니
13. 시몬도 믿고 세례를 받은 후에 전심으로 빌립을 따라다니며 그 나타나는 표적과 큰 능력을 보고 놀라니라
14. 예루살렘에 있는 사도들이 사마리아도 하나님의 말씀을 받았다 함을 듣고 베드로와 요한을 보내매
15. 그들이 내려가서 그들을 위하여 성령 받기를 기도하니
16. 이는 아직 한 사람에게도 성령 내리신 일이 없고 오직 주 예수의 이름으로 세례만 받을 뿐이더라
17. 이에 두 사도가 그들에게 안수하매 성령을 받는지라
18. 시몬이 사도들의 안수로 성령 받는 것을 보고 돈을 드려
19. 이르되 이 권능을 내게도 주어 누구든지 내가 안수하는 사람은 성령을 받게 하여 주소서 하니
20. 베드로가 이르되 네가 하나님의 선물을 돈 주고 살 줄로 생각하였으니 네 은과 네가 함께 망할지어다
21. 하나님 앞에서 네 마음이 바르지 못하니 이 도에는 네가 관계도 없고 분깃 될 것도 없느니라
22. 그러므로 너의 이 악함을 회개하고 주께 기도하라 혹 마음에 품은 것을 사하여 주시리라

10. 낮은 사람부터 높은 사람까지 다 따르며 이르되 이 사람은 크다 일컫는 하나님의 능력이라 하더라
11. 오랫동안 그 마술에 놀랐으므로 그들이 따르더니
12. 빌립이 하나님 나라와 및 예수 그리스도의 이름에 관하여 전도함을 그들이 믿고 남녀가 다 세례를 받으니
13. 시몬도 믿고 세례를 받은 후에 전심으로 빌립을 따라다니며 그 나타나는 표적과 큰 능력을 보고 놀라니라
14. 예루살렘에 있는 사도들이 사마리아도 하나님의 말씀을 받았다 함을 듣고 베드로와 요한을 보내매
15. 그들이 내려가서 그들을 위하여 성령 받기를 기도하니
16. 이는 아직 한 사람에게도 성령 내리신 일이 없고 오직 주 예수의 이름으로 세례만 받을 뿐이더라
17. 이에 두 사도가 그들에게 안수하매 성령을 받는지라
18. 시몬이 사도들의 안수로 성령 받는 것을 보고 돈을 드려
19. 이르되 이 권능을 내게도 주어 누구든지 내가 안수하는 사람은 성령을 받게 하여 주소서 하니
20. 베드로가 이르되 네가 하나님의 선물을 돈 주고 살 줄로 생각하였으니 네 은과 네가 함께 망할지어다
21. 하나님 앞에서 네 마음이 바르지 못하니 이 도에는 네가 관계도 없고 분깃 될 것도 없느니라
22. 그러므로 너의 이 악함을 회개하고 주께 기도하라 혹 마음에 품은 것을 사하여 주시리라

23. 내가 보니 너는 악독이 가득하며 불의에 매인 바 되었도다
24. 시몬이 대답하여 이르되 나를 위하여 주께 기도하여 말한 것이 하나도 내게 임하지 않게 하소서 하니라
25. 두 사도가 주의 말씀을 증언하여 말한 후 예루살렘으로 돌아갈새 사마리아인의 여러 마을에서 복음을 전하니라
26. 주의 사자가 빌립에게 말하여 이르되 일어나서 남쪽으로 향하여 예루살렘에서 가사로 내려가는 길까지 가라 하니 그 길은 광야라
27. 일어나 가서 보니 에디오피아 사람 곧 에디오피아 여왕 간다게의 모든 국고를 맡은 관리인 내시가 예배하러 예루살렘에 왔다가
28. 돌아가는데 수레를 타고 선지자 이사야의 글을 읽더라
29. 성령이 빌립더러 이르시되 이 수레로 가까이 나아가라 하시거늘
30. 빌립이 달려가서 선지자 이사야의 글 읽는 것을 듣고 말하되 읽는 것을 깨닫느냐
31. 대답하되 지도해 주는 사람이 없으니 어찌 깨달을 수 있느냐 하고 빌립을 청하여 수레에 올라 같이 앉으라 하니라
32. 읽는 성경 구절은 이것이니 일렀으되 그가 도살자에게로 가는 양과 같이 끌려갔고 털 깎는 자 앞에 있는 어린 양이 조용함과 같이 그의 입을 열지 아니하였도다
33. 그가 굴욕을 당했을 때 공정한 재판도 받지 못하였으니 누가 그의 세대를 말하리요 그의 생명이 땅에서 빼앗김이로다 하였거늘
34. 그 내시가 빌립에게 말하되 청컨대 내가 묻노니 선지자가 이 말한 것이 누구를 가리킴이냐 자기를 가리킴이냐 타인을 가리킴이냐

23. 내가 보니 너는 악독이 가득하며 불의에 매인 바 되었도다
24. 시몬이 대답하여 이르되 나를 위하여 주께 기도하여 말한 것이 하나도 내게 임하지 않게 하소서 하니라
25. 두 사도가 주의 말씀을 증언하여 말한 후 예루살렘으로 돌아갈새 사마리아인의 여러 마을에서 복음을 전하니라
26. 주의 사자가 빌립에게 말하여 이르되 일어나서 남쪽으로 향하여 예루살렘에서 가사로 내려가는 길까지 가라 하니 그 길은 광야라
27. 일어나 가서 보니 에디오피아 사람 곧 에디오피아 여왕 간다게의 모든 국고를 맡은 관리인 내시가 예배하러 예루살렘에 왔다가
28. 돌아가는데 수레를 타고 선지자 이사야의 글을 읽더라
29. 성령이 빌립더러 이르시되 이 수레로 가까이 나아가라 하시거늘
30. 빌립이 달려가서 선지자 이사야의 글 읽는 것을 듣고 말하되 읽는 것을 깨닫느냐
31. 대답하되 지도해 주는 사람이 없으니 어찌 깨달을 수 있느냐 하고 빌립을 청하여 수레에 올라 같이 앉으라 하니라
32. 읽는 성경 구절은 이것이니 일렀으되 그가 도살자에게로 가는 양과 같이 끌려갔고 털 깎는 자 앞에 있는 어린 양이 조용함과 같이 그의 입을 열지 아니하였도다
33. 그가 굴욕을 당했을 때 공정한 재판도 받지 못하였으니 누가 그의 세대를 말하리요. 그의 생명이 땅에서 빼앗김이로다 하였거늘
34. 그 내시가 빌립에게 말하되 청컨대 내가 묻노니 선지자가 이 말한 것이 누구를 가리킴이냐 자기를 가리킴이냐 타인을 가리킴이냐

35. 빌립이 입을 열어 이 글에서 시작하여 예수를 가르쳐 복음을 전하니
36. 길 가다가 물 있는 곳에 이르러 그 내시가 말하되 보라 물이 있으니 내가 세례를 받음에 무슨 거리낌이 있느냐
37. (없음)
38. 이에 명하여 수레를 멈추고 빌립과 내시가 둘 다 물에 내려가 빌립이 세례를 베풀고
39. 둘이 물에서 올라올새 주의 영이 빌립을 이끌어간지라 내시는 기쁘게 길을 가므로 그를 다시 보지 못하니라
40. 빌립은 아소도에 나타나 여러 성을 지나 다니며 복음을 전하고 가이사랴에 이르니라

사도행전 9장

1. 사울이 주의 제자들에 대하여 여전히 위협과 살기가 등등하여 대제사장에게 가서
2. 다메섹 여러 회당에 가져갈 공문을 청하니 이는 만일 그 도를 따르는 사람을 만나면 남녀를 막론하고 결박하여 예루살렘으로 잡아오려 함이라
3. 사울이 길을 가다가 다메섹에 가까이 이르더니 홀연히 하늘로부터 빛이 그를 둘러 비추는지라
4. 땅에 엎드러져 들으매 소리가 있어 이르시되 사울아 사울아 네가 어찌하여 나를 박해하느냐 하시거늘
5. 대답하되 주여 누구시니이까 이르시되 나는 네가 박해하는 예수라
6. 너는 일어나 시내로 들어가라 네가 행할 것을 네게 이를 자가 있느니라

35. 빌립이 입을 열어 이 글에서 시작하여 예수를 가르쳐 복음을 전하니
36. 길 가다가 물 있는 곳에 이르러 그 내시가 말하되 보라 물이 있으니 내가 세례를 받음에 무슨 거리낌이 있느냐
37. (없음)
38. 이에 명하여 수레를 멈추고 빌립과 내시가 둘 다 물에 내려가 빌립이 세례를 베풀고
39. 둘이 물에서 올라올새 주의 영이 빌립을 이끌어간지라 내시는 기쁘게 길을 가므로 그를 다시 보지 못하니라
40. 빌립은 아소도에 나타나 여러 성을 지나 다니며 복음을 전하고 가이사랴에 이르니라

사도행전 9장

1. 사울이 주의 제자들에 대하여 여전히 위협과 살기가 등등하여 대제사장에게 가서
2. 다메섹 여러 회당에 가져갈 공문을 청하니 이는 만일 그 도를 따르는 사람을 만나면 남녀를 막론하고 결박하여 예루살렘으로 잡아오려 함이라
3. 사울이 길을 가다가 다메섹에 가까이 이르더니 홀연히 하늘로부터 빛이 그를 둘러 비추는지라
4. 땅에 엎드러져 들으매 소리가 있어 이르시되 사울아 사울아 네가 어찌하여 나를 박해하느냐 하시거늘
5. 대답하되 주여 누구시니이까 이르시되 나는 네가 박해하는 예수라
6. 너는 일어나 시내로 들어가라 네가 행할 것을 네게 이를 자가 있느니라

하시니
7. 같이 가던 사람들은 소리만 듣고 아무도 보지 못하여 말을 못하고 서 있더라
8. 사울이 땅에서 일어나 눈은 떴으나 아무 것도 보지 못하고 사람의 손에 끌려 다메섹으로 들어가서
9. 사흘 동안 보지 못하고 먹지도 마시지도 아니하니라
10. 그 때에 다메섹에 아나니아라 하는 제자가 있더니 주께서 환상 중에 불러 이르시되 아나니아야 하시거늘 대답하되 주여 내가 여기 있나이다 하니
11. 주께서 이르시되 일어나 직가라 하는 거리로 가서 유다의 집에서 다소 사람 사울이라 하는 사람을 찾으라 그가 기도하는 중이니라
12. 그가 아나니아라 하는 사람이 들어와서 자기에게 안수하여 다시 보게 하는 것을 보았느니라 하시거늘
13. 아나니아가 대답하되 주여 이 사람에 대하여 내가 여러 사람에게 듣사온즉 그가 예루살렘에서 주의 성도에게 적지 않은 해를 끼쳤다 하더니
14. 여기서도 주의 이름을 부르는 모든 사람을 결박할 권한을 대제사장들에게서 받았나이다 하거늘
15. 주께서 이르시되 가라 이 사람은 내 이름을 이방인과 임금들과 이스라엘 자손들에게 전하기 위하여 택한 나의 그릇이라
16. 그가 내 이름을 위하여 얼마나 고난을 받아야 할 것을 내가 그에게 보이리라 하시니
17. 아나니아가 떠나 그 집에 들어가서 그에게 안수하여 이르되 형제 사울아 주 곧 네가 오는 길에서 나타나셨던 예수께서 나를 보내어 너로 다시 보게 하시고 성령으로 충만하게 하신다 하니

하시니
7. 같이 가던 사람들은 소리만 듣고 아무도 보지 못하여 말을 못하고 서 있더라
8. 사울이 땅에서 일어나 눈은 떴으나 아무 것도 보지 못하고 사람의 손에 끌려 다메섹으로 들어가서
9. 사흘 동안 보지 못하고 먹지도 마시지도 아니하니라
10. 그 때에 다메섹에 아나니아라 하는 제자가 있더니 주께서 환상 중에 불러 이르시되 아나니아야 하시거늘 대답하되 주여 내가 여기 있나이다 하니
11. 주께서 이르시되 일어나 직가라 하는 거리로 가서 유다의 집에서 다소 사람 사울이라 하는 사람을 찾으라 그가 기도하는 중이니라
12. 그가 아나니아라 하는 사람이 들어와서 자기에게 안수하여 다시 보게 하는 것을 보았느니라 하시거늘
13. 아나니아가 대답하되 주여 이 사람에 대하여 내가 여러 사람에게 듣사온즉 그가 예루살렘에서 주의 성도에게 적지 않은 해를 끼쳤다 하더니
14. 여기서도 주의 이름을 부르는 모든 사람을 결박할 권한을 대제사장들에게서 받았나이다 하거늘
15. 주께서 이르시되 가라 이 사람은 내 이름을 이방인과 임금들과 이스라엘 자손들에게 전하기 위하여 택한 나의 그릇이라
16. 그가 내 이름을 위하여 얼마나 고난을 받아야 할 것을 내가 그에게 보이리라 하시니
17. 아나니아가 떠나 그 집에 들어가서 그에게 안수하여 이르되 형제 사울아 주 곧 네가 오는 길에서 나타나셨던 예수께서 나를 보내어 너로 다시 보게 하시고 성령으로 충만하게 하신다 하니

18. 즉시 사울의 눈에서 비늘 같은 것이 벗어져 다시 보게 된지라 일어나 세례를 받고
19. 음식을 먹으매 강건하여지니라 사울이 다메섹에 있는 제자들과 함께 며칠 있을새
20. 즉시로 각 회당에서 예수가 하나님의 아들이심을 전파하니
21. 듣는 사람이 다 놀라 말하되 이 사람이 예루살렘에서 이 이름을 부르는 사람을 멸하려던 자가 아니냐 여기 온 것도 그들을 결박하여 대제사장들에게 끌어 가고자 함이 아니냐 하더라
22. 사울은 힘을 더 얻어 예수를 그리스도라 증언하여 다메섹에 사는 유대인들을 당혹하게 하니라
23. 여러 날이 지나매 유대인들이 사울 죽이기를 공모하더니
24. 그 계교가 사울에게 알려지니라 그들이 그를 죽이려고 밤낮으로 성문까지 지키거늘
25. 그의 제자들이 밤에 사울을 광주리에 담아 성벽에서 달아 내리니라
26. 사울이 예루살렘에 가서 제자들을 사귀고자 하나 다 두려워하여 그가 제자 됨을 믿지 아니하니
27. 바나바가 데리고 사도들에게 가서 그가 길에서 어떻게 주를 보았는지와 주께서 그에게 말씀하신 일과 다메섹에서 그가 어떻게 예수의 이름으로 담대히 말하였는지를 전하니라
28. 사울이 제자들과 함께 있어 예루살렘에 출입하며
29. 또 주 예수의 이름으로 담대히 말하고 헬라파 유대인들과 함께 말하며 변론하니 그 사람들이 죽이려고 힘쓰거늘

18. 즉시 사울의 눈에서 비늘 같은 것이 벗어져 다시 보게 된지라 일어나 세례를 받고
19. 음식을 먹으매 강건하여지니라 사울이 다메섹에 있는 제자들과 함께 며칠 있을새
20. 즉시로 각 회당에서 예수가 하나님의 아들이심을 전파하니
21. 듣는 사람이 다 놀라 말하되 이 사람이 예루살렘에서 이 이름을 부르는 사람을 멸하려던 자가 아니냐 여기 온 것도 그들을 결박하여 대제사장들에게 끌어 가고자 함이 아니냐 하더라
22. 사울은 힘을 더 얻어 예수를 그리스도라 증언하여 다메섹에 사는 유대인들을 당혹하게 하니라
23. 여러 날이 지나매 유대인들이 사울 죽이기를 공모하더니
24. 그 계교가 사울에게 알려지니라 그들이 그를 죽이려고 밤낮으로 성문까지 지키거늘
25. 그의 제자들이 밤에 사울을 광주리에 담아 성벽에서 달아 내리니라
26. 사울이 예루살렘에 가서 제자들을 사귀고자 하나 다 두려워하여 그가 제자 됨을 믿지 아니하니
27. 바나바가 데리고 사도들에게 가서 그가 길에서 어떻게 주를 보았는지와 주께서 그에게 말씀하신 일과 다메섹에서 그가 어떻게 예수의 이름으로 담대히 말하였는지를 전하니라
28. 사울이 제자들과 함께 있어 예루살렘에 출입하며
29. 또 주 예수의 이름으로 담대히 말하고 헬라파 유대인들과 함께 말하며 변론하니 그 사람들이 죽이려고 힘쓰거늘

30. 형제들이 알고 가이사랴로 데리고 내려가서 다소로 보내니라
31. 그리하여 온 유대와 갈릴리와 사마리아 교회가 평안하여 든든히 서 가고 주를 경외함과 성령의 위로로 진행하여 수가 더 많아지니라
32. 그 때에 베드로가 사방으로 두루 다니다가 룻다에 사는 성도들에게도 내려갔더니
33. 거기서 애니아라 하는 사람을 만나매 그는 중풍병으로 침상 위에 누운 지 여덟 해라
34. 베드로가 이르되 애니아야 예수 그리스도께서 너를 낫게 하시니 일어나 네 자리를 정돈하라 한대 곧 일어나니
35. 룻다와 사론에 사는 사람들이 다 그를 보고 주께로 돌아오니라
36. 욥바에 다비다라 하는 여제자가 있으니 그 이름을 번역하면 도르가라 선행과 구제하는 일이 심히 많더니
37. 그 때에 병들어 죽으매 시체를 씻어 다락에 누이니라
38. 룻다가 욥바에서 가까운지라 제자들이 베드로가 거기 있음을 듣고 두 사람을 보내어 지체 말고 와 달라고 간청하여
39. 베드로가 일어나 그들과 함께 가서 이르매 그들이 데리고 다락방에 올라가니 모든 과부가 베드로 곁에 서서 울며 도르가가 그들과 함께 있을 때에 지은 속옷과 겉옷을 다 내보이거늘
40. 베드로가 사람을 다 내보내고 무릎을 꿇고 기도하고 돌이켜 시체를 향하여 이르되 다비다야 일어나라 하니 그가 눈을 떠 베드로를 보고 일어나 앉는지라
43. 베드로가 손을 내밀어 일으키고 성도들과 과부들을 불러 들여 그가 살아난 것을 보이니

30. 형제들이 알고 가이사랴로 데리고 내려가서 다소로 보내니라
31. 그리하여 온 유대와 갈릴리와 사마리아 교회가 평안하여 든든히 서 가고 주를
경외함과 성령의 위로로 진행하여 수가 더 많아지니라
32. 그 때에 베드로가 사방으로 두루 다니다가 룻다에 사는 성도들에게도 내려갔
더니
33. 거기서 애니아라 하는 사람을 만나매 그는 중풍병으로 침상 위에 누운 지 여덟
해라
34. 베드로가 이르되 애니아야 예수 그리스도께서 너를 낫게 하시니 일어나 네 자
리를 정돈하라 한대 곧 일어나니
35. 룻다와 사론에 사는 사람들이 다 그를 보고 주께로 돌아오니라
36. 욥바에 다비다라 하는 여제자가 있으니 그 이름을 번역하면 도르가라 선행과
구제하는 일이 심히 많더니
37. 그 때에 병들어 죽으매 시체를 씻어 다락에 누이니라
38. 룻다가 욥바에서 가까운지라 제자들이 베드로가 거기 있음을 듣고 두 사람을
보내어 지체 말고 와 달라고 간청하여
39. 베드로가 일어나 그들과 함께 가서 이르매 그들이 데리고 다락방에 올라가니
모든 과부가 베드로 곁에 서서 울며 도르가가 그들과 함께 있을 때에 지은 속옷
과 겉옷을 다 내보이거늘
40. 베드로가 사람을 다 내보내고 무릎을 꿇고 기도하고 돌이켜 시체를 향하여 이
르되 다비다야 일어나라 하니 그가 눈을 떠 베드로를 보고 일어나 앉는지라
43. 베드로가 손을 내밀어 일으키고 성도들과 과부들을 불러 들여 그가 살아난 것
을 보이니

44. 온 욥바 사람이 알고 많은 사람이 주를 믿더라
45. 베드로가 욥바에 여러 날 있어 시몬이라 하는 무두장이의 집에서 머무니라

사도행전 10장
1. 가이사랴에 고넬료라 하는 사람이 있으니 이달리야 부대라 하는 군대의 백부장이라
2. 그가 경건하여 온 집안과 더불어 하나님을 경외하며 백성을 많이 구제하고 하나님께 항상 기도하더니
3. 하루는 제 구 시쯤 되어 환상 중에 밝히 보매 하나님의 사자가 들어와 이르되 고넬료야 하니
4. 고넬료가 주목하여 보고 두려워 이르되 주여 무슨 일이니이까 천사가 이르되 네 기도와 구제가 하나님 앞에 상달되어 기억하신 바가 되었으니
5. 네가 지금 사람들을 욥바에 보내어 베드로라 하는 시몬을 청하라
6. 그는 무두장이 시몬의 집에 유숙하니 그 집은 해변에 있다 하더라
7. 마침 말하던 천사가 떠나매 고넬료가 집안 하인 둘과 부하 가운데 경건한 사람 하나를 불러
8. 이 일을 다 이르고 욥바로 보내니라
9. 이튿날 그들이 길을 가다가 그 성에 가까이 갔을 그 때에 베드로가 기도하려고 지붕에 올라가니 그 시각은 제 육 시더라
10. 그가 시장하여 먹고자 하매 사람들이 준비할 때에 황홀한 중에
11. 하늘이 열리며 한 그릇이 내려오는 것을 보니 큰 보자기 같고 네 귀를

44. 온 욥바 사람이 알고 많은 사람이 주를 믿더라
45. 베드로가 욥바에 여러 날 있어 시몬이라 하는 무두장이의 집에서 머무니라

사도행전 10장
1. 가이사랴에 고넬료라 하는 사람이 있으니 이달리야 부대라 하는 군대의 백부장이라
2. 그가 경건하여 온 집안과 더불어 하나님을 경외하며 백성을 많이 구제하고 하나님께 항상 기도하더니
3. 하루는 제 구 시쯤 되어 환상 중에 밝히 보매 하나님의 사자가 들어와 이르되 고넬료야 하니
4. 고넬료가 주목하여 보고 두려워 이르되 주여 무슨 일이니이까 천사가 이르되 네 기도와 구제가 하나님 앞에 상달되어 기억하신 바가 되었으니
5. 네가 지금 사람들을 욥바에 보내어 베드로라 하는 시몬을 청하라
6. 그는 무두장이 시몬의 집에 유숙하니 그 집은 해변에 있다 하더라
7. 마침 말하던 천사가 떠나매 고넬료가 집안 하인 둘과 부하 가운데 경건한 사람 하나를 불러
8. 이 일을 다 이르고 욥바로 보내니라
9. 이튿날 그들이 길을 가다가 그 성에 가까이 갔을 그 때에 베드로가 기도하려고 지붕에 올라가니 그 시각은 제 육 시더라
10. 그가 시장하여 먹고자 하매 사람들이 준비할 때에 황홀한 중에
11. 하늘이 열리며 한 그릇이 내려오는 것을 보니 큰 보자기 같고 네 귀를

매어 땅에 드리웠더라
12. 그 안에는 땅에 있는 각종 네 발 가진 짐승과 기는 것과 공중에 나는 것들이 있더라
13. 또 소리가 있으되 베드로야 일어나 잡아 먹어라 하거늘
14. 베드로가 이르되 주여 그럴 수 없나이다 속되고 깨끗하지 아니한 것을 내가 결코 먹지 아니하였나이다 한대
15. 또 두 번째 소리가 있으되 하나님께서 깨끗하게 하신 것을 네가 속되다 하지 말라 하더라
16. 이런 일이 세 번 있은 후 그 그릇이 곧 하늘로 올려져 가니라
17. 베드로가 본 바 환상이 무슨 뜻인지 속으로 의아해 하더니 마침 고넬료가 보낸 사람들이 시몬의 집을 찾아 문 밖에 서서
18. 불러 묻되 베드로라 하는 시몬이 여기 유숙하느냐 하거늘
19. 베드로가 그 환상에 대하여 생각할 때에 성령께서 그에게 말씀하시되 두 사람이 너를 찾으니
20. 일어나 내려가 의심하지 말고 함께 가라 내가 그들을 보내었느니라 하시니
21. 베드로가 내려가 그 사람들을 보고 이르되 내가 곧 너희가 찾는 사람인데 너희가 무슨 일로 왔느냐
22. 그들이 대답하되 백부장 고넬료는 의인이요 하나님을 경외하는 사람이라 유대 온 족속이 칭찬하더니 그가 거룩한 천사의 지시를 받아 당신을 그 집으로 청하여 말을 들으려 하느니라 한대
23. 베드로가 불러 들여 유숙하게 하니라 이튿날 일어나 그들과 함께 갈새 욥바에서 온 어떤 형제들도 함께 가니라

매어 땅에 드리웠더라
12. 그 안에는 땅에 있는 각종 네 발 가진 짐승과 기는 것과 공중에 나는 것들이 있더라
13. 또 소리가 있으되 베드로야 일어나 잡아 먹어라 하거늘
14. 베드로가 이르되 주여 그럴 수 없나이다 속되고 깨끗하지 아니한 것을 내가 결코 먹지 아니하였나이다 한대
15. 또 두 번째 소리가 있으되 하나님께서 깨끗하게 하신 것을 네가 속되다 하지 말라 하더라
16. 이런 일이 세 번 있은 후 그 그릇이 곧 하늘로 올려져 가니라
17. 베드로가 본 바 환상이 무슨 뜻인지 속으로 의아해 하더니 마침 고넬료가 보낸 사람들이 시몬의 집을 찾아 문 밖에 서서
18. 불러 묻되 베드로라 하는 시몬이 여기 유숙하느냐 하거늘
19. 베드로가 그 환상에 대하여 생각할 때에 성령께서 그에게 말씀하시되 두 사람이 너를 찾으니
20. 일어나 내려가 의심하지 말고 함께 가라 내가 그들을 보내었느니라 하시니
21. 베드로가 내려가 그 사람들을 보고 이르되 내가 곧 너희가 찾는 사람인데 너희가 무슨 일로 왔느냐
22. 그들이 대답하되 백부장 고넬료는 의인이요 하나님을 경외하는 사람이라 유대 온 족속이 칭찬하더니 그가 거룩한 천사의 지시를 받아 당신을 그 집으로 청하여 말을 들으려 하느니라 한대
23. 베드로가 불러 들여 유숙하게 하니라 이튿날 일어나 그들과 함께 갈새 욥바에서 온 어떤 형제들도 함께 가니라

24. 이튿날 가이사랴에 들어가니 고넬료가 그의 친척과 가까운 친구들을 모아 기다리더니
25. 마침 베드로가 들어올 때에 고넬료가 맞아 발 앞에 엎드리어 절하니
26. 베드로가 일으켜 이르되 일어서라 나도 사람이라 하고
27. 더불어 말하며 들어가 여러 사람이 모인 것을 보고
28. 이르되 유대인으로서 이방인과 교제하며 가까이 하는 것이 위법인 줄은 너희도 알거니와 하나님께서 내게 지시하사 아무도 속되다 하거나 깨끗하지 않다 하지 말라 하시기로
29. 부름을 사양하지 아니하고 왔노라 묻노니 무슨 일로 나를 불렀느냐
30. 고넬료가 이르되 내가 나흘 전 이맘때까지 내 집에서 제 구 시 기도를 하는데 갑자기 한 사람이 빛난 옷을 입고 내 앞에 서서
31. 말하되 고넬료야 하나님이 네 기도를 들으시고 네 구제를 기억하셨으니
32. 사람을 욥바에 보내어 베드로라 하는 시몬을 청하라 그가 바닷가 무두장이 시몬의 집에 유숙하느니라 하시기로
33. 내가 곧 당신에게 사람을 보내었는데 오셨으니 잘하였나이다 이제 우리는 주께서 당신에게 명하신 모든 것을 듣고자 하여 다 하나님 앞에 있나이다
34. 베드로가 입을 열어 말하되 내가 참으로 하나님은 사람의 외모를 보지 아니하시고
35. 각 나라 중 하나님을 경외하며 의를 행하는 사람은 다 받으시는 줄 깨달았도다
36. 만유의 주 되신 예수 그리스도로 말미암아 화평의 복음을 전하사 이스

24. 이튿날 가이사랴에 들어가니 고넬료가 그의 친척과 가까운 친구들을 모
아 기다리더니
25. 마침 베드로가 들어올 때에 고넬료가 맞아 발 앞에 엎드리어 절하니
26. 베드로가 일으켜 이르되 일어서라 나도 사람이라 하고
27. 더불어 말하며 들어가 여러 사람이 모인 것을 보고
28. 이르되 유대인으로서 이방인과 교제하며 가까이 하는 것이 위법인 줄은
너희도 알거니와 하나님께서 내게 지시하사 아무도 속되다 하거나 깨끗
하지 않다 하지 말라 하시기로
29. 부름을 사양하지 아니하고 왔노라 묻노니 무슨 일로 나를 불렀느냐
30. 고넬료가 이르되 내가 나흘 전 이맘때까지 내 집에서 제 구 시 기도를
하는데 갑자기 한 사람이 빛난 옷을 입고 내 앞에 서서
31. 말하되 고넬료야 하나님이 네 기도를 들으시고 네 구제를 기억하셨으니
32. 사람을 욥바에 보내어 베드로라 하는 시몬을 청하라 그가 바닷가 무두
장이 시몬의 집에 유숙하느니라 하시기로
33. 내가 곧 당신에게 사람을 보내었는데 오셨으니 잘하였나이다 이제 우리
는 주께서 당신에게 명하신 모든 것을 듣고자 하여 다 하나님 앞에 있
나이다
34. 베드로가 입을 열어 말하되 내가 참으로 하나님은 사람의 외모를 보지
아니하시고
35. 각 나라 중 하나님을 경외하며 의를 행하는 사람은 다 받으시는 줄 깨달
았도다
36. 만유의 주 되신 예수 그리스도로 말미암아 화평의 복음을 전하사 이스

라엘 자손들에게 보내신 말씀

37. 곧 요한이 그 세례를 반포한 후에 갈릴리에서 시작하여 온 유대에 두루 전파된 그것을 너희도 알거니와

38. 하나님이 나사렛 예수에게 성령과 능력을 기름 붓듯 하셨으매 그가 두루 다니시며 선한 일을 행하시고 마귀에게 눌린 모든 사람을 고치셨으니 이는 하나님이 함께 하셨음이라

39. 우리는 유대인의 땅과 예루살렘에서 그가 행하신 모든 일에 증인이라 그를 그들이 나무에 달아 죽였으나

40. 하나님이 사흘 만에 다시 살리사 나타내시되

41. 모든 백성에게 하신 것이 아니요 오직 미리 택하신 증인 곧 죽은 자 가운데서 부활하신 후 그를 모시고 음식을 먹은 우리에게 하신 것이라

42. 우리에게 명하사 백성에게 전도하되 하나님이 살아 있는 자와 죽은 자의 재판장으로 정하신 자가 곧 이 사람인 것을 증언하게 하셨고

43. 그에 대하여 모든 선지자도 증언하되 그를 믿는 사람들이 다 그의 이름을 힘입어 죄 사함을 받는다 하였느니라

44. 베드로가 이 말을 할 때에 성령이 말씀 듣는 모든 사람에게 내려오시니

45. 베드로와 함께 온 할례 받은 신자들이 이방인들에게도 성령 부어 주심으로 말미암아 놀라니

46. 이는 방언을 말하며 하나님 높임을 들음이러라

47. 이에 베드로가 이르되 이 사람들이 우리와 같이 성령을 받았으니 누가 능히 물로 세례 베풂을 금하리요 하고

48. 명하여 예수 그리스도의 이름으로 세례를 베풀라 하니라 그들이 베드로에게 며

라엘 자손들에게 보내신 말씀

37. 곧 요한이 그 세례를 반포한 후에 갈릴리에서 시작하여 온 유대에 두루 전파된 그것을 너희도 알거니와

38. 하나님이 나사렛 예수에게 성령과 능력을 기름 붓듯 하셨으매 그가 두루 다니시며 선한 일을 행하시고 마귀에게 눌린 모든 사람을 고치셨으니 이는 하나님이 함께 하셨음이라

39. 우리는 유대인의 땅과 예루살렘에서 그가 행하신 모든 일에 증인이라 그를 그들이 나무에 달아 죽였으나

40. 하나님이 사흘 만에 다시 살리사 나타내시되

41. 모든 백성에게 하신 것이 아니요 오직 미리 택하신 증인 곧 죽은 자 가운데서 부활하신 후 그를 모시고 음식을 먹은 우리에게 하신 것이라

42. 우리에게 명하사 백성에게 전도하되 하나님이 살아 있는 자와 죽은 자의 재판장으로 정하신 자가 곧 이 사람인 것을 증언하게 하셨고

43. 그에 대하여 모든 선지자도 증언하되 그를 믿는 사람들이 다 그의 이름을 힘입어 죄 사함을 받는다 하였느니라

44. 베드로가 이 말을 할 때에 성령이 말씀 듣는 모든 사람에게 내려오시니

45. 베드로와 함께 온 할례 받은 신자들이 이방인들에게도 성령 부어 주심으로 말미암아 놀라니

46. 이는 방언을 말하며 하나님 높임을 들음이러라

47. 이에 베드로가 이르되 이 사람들이 우리와 같이 성령을 받았으니 누가 능히 물로 세례 베풂을 금하리요 하고

48. 명하여 예수 그리스도의 이름으로 세례를 베풀라 하니라 그들이 베드로에게 며

칠 더 머물기를 청하니라

사도행전 11장

1. 유대에 있는 사도들과 형제들이 이방인들도 하나님의 말씀을 받았다 함을 들었더니
2. 베드로가 예루살렘에 올라갔을 때에 할례자들이 비난하여
3. 이르되 네가 무할례자의 집에 들어가 함께 먹었다 하니
4. 베드로가 그들에게 이 일을 차례로 설명하여
5. 이르되 내가 욥바 시에서 기도할 때에 황홀한 중에 환상을 보니 큰 보자기 같은 그릇이 네 귀에 매어 하늘로부터 내리어 내 앞에까지 드리워지거늘
6. 이것을 주목하여 보니 땅에 네 발 가진 것과 들짐승과 기는 것과 공중에 나는 것들이 보이더라
7. 또 들으니 소리 있어 내게 이르되 베드로야 일어나 잡아 먹으라 하거늘
8. 내가 이르되 주님 그럴 수 없나이다 속되거나 깨끗하지 아니한 것은 결코 내 입에 들어간 일이 없나이다 하니
9. 또 하늘로부터 두 번째 소리 있어 내게 이르되 하나님이 깨끗하게 하신 것을 네가 속되다고 하지 말라 하더라
10. 이런 일이 세 번 있은 후에 모든 것이 다시 하늘로 끌려 올라가더라
11. 마침 세 사람이 내가 유숙한 집 앞에 서 있으니 가이사랴에서 내게로 보낸 사람이라
12. 성령이 내게 명하사 아무 의심 말고 함께 가라 하시매 이 여섯 형제도

칠 더 머물기를 청하니라

사도행전 11장

1. 유대에 있는 사도들과 형제들이 이방인들도 하나님의 말씀을 받았다 함을 들었더니
2. 베드로가 예루살렘에 올라갔을 때에 할례자들이 비난하여
3. 이르되 네가 무할례자의 집에 들어가 함께 먹었다 하니
4. 베드로가 그들에게 이 일을 차례로 설명하여
5. 이르되 내가 욥바 시에서 기도할 때에 황홀한 중에 환상을 보니 큰 보자기 같은 그릇이 네 귀에 매어 하늘로부터 내리어 내 앞에까지 드리워지거늘
6. 이것을 주목하여 보니 땅에 네 발 가진 것과 들짐승과 기는 것과 공중에 나는 것들이 보이더라
7. 또 들으니 소리 있어 내게 이르되 베드로야 일어나 잡아 먹으라 하거늘
8. 내가 이르되 주님 그럴 수 없나이다 속되거나 깨끗하지 아니한 것은 결코 내 입에 들어간 일이 없나이다 하니
9. 또 하늘로부터 두 번째 소리 있어 내게 이르되 하나님이 깨끗하게 하신 것을 네가 속되다고 하지 말라 하더라
10. 이런 일이 세 번 있은 후에 모든 것이 다시 하늘로 끌려 올라가더라
11. 마침 세 사람이 내가 유숙한 집 앞에 서 있으니 가이사랴에서 내게로 보낸 사람이라
12. 성령이 내게 명하사 아무 의심 말고 함께 가라 하시매 이 여섯 형제도

나와 함께 가서 그 사람의 집에 들어가니
13. 그가 우리에게 말하기를 천사가 내 집에 서서 말하되 네가 사람을 욥바에 보내어 베드로라 하는 시몬을 청하라
14. 그가 너와 네 온 집이 구원 받을 말씀을 네게 이르리라 함을 보았다 하거늘
15. 내가 말을 시작할 때에 성령이 그들에게 임하시기를 처음 우리에게 하신 것과 같이 하는지라
16. 내가 주의 말씀에 요한은 물로 세례를 베풀었으나 너희는 성령으로 세례를 받으리라 하신 것이 생각났노라
17. 그런즉 하나님이 우리가 주 예수 그리스도를 믿을 때에 주신 것과 같은 선물을 그들에게도 주셨으니 내가 누구이기에 하나님을 능히 막겠느냐 하더라
18. 그들이 이 말을 듣고 잠잠하여 하나님께 영광을 돌려 이르되 그러면 하나님께서 이방인에게도 생명 얻는 회개를 주셨도다 하니라
19. 그 때에 스데반의 일로 일어난 환난으로 말미암아 흩어진 자들이 베니게와 구브로와 안디옥까지 이르러 유대인에게만 말씀을 전하는데
20. 그 중에 구브로와 구레네 몇 사람이 안디옥에 이르러 헬라인에게도 말하여 주 예수를 전파하니
21. 주의 손이 그들과 함께 하시매 수많은 사람들이 믿고 주께 돌아오더라
22. 예루살렘 교회가 이 사람들의 소문을 듣고 바나바를 안디옥까지 보내니
23. 그가 이르러 하나님의 은혜를 보고 기뻐하여 모든 사람에게 굳건한 마음으로 주와 함께 머물러 있으라 권하니
24. 바나바는 착한 사람이요 성령과 믿음이 충만한 사람이라 이에 큰 무리가 주께 더하여지더라

나와 함께 가서 그 사람의 집에 들어가니
13. 그가 우리에게 말하기를 천사가 내 집에 서서 말하되 네가 사람을 욥바에 보내
어 베드로라 하는 시몬을 청하라
14. 그가 너와 네 온 집이 구원 받을 말씀을 네게 이르리라 함을 보았다 하거늘
15. 내가 말을 시작할 때에 성령이 그들에게 임하시기를 처음 우리에게 하신 것과
같이 하는지라
16. 내가 주의 말씀에 요한은 물로 세례를 베풀었으나 너희는 성령으로 세례를 받
으리라 하신 것이 생각났노라
17. 그런즉 하나님이 우리가 주 예수 그리스도를 믿을 때에 주신 것과 같은 선물을
그들에게도 주셨으니 내가 누구이기에 하나님을 능히 막겠느냐 하더라
18. 그들이 이 말을 듣고 잠잠하여 하나님께 영광을 돌려 이르되 그러면 하나님께
서 이방인에게도 생명 얻는 회개를 주셨도다 하니라
19. 그 때에 스데반의 일로 일어난 환난으로 말미암아 흩어진 자들이 베니게와 구
브로와 안디옥까지 이르러 유대인에게만 말씀을 전하는데
20. 그 중에 구브로와 구레네 몇 사람이 안디옥에 이르러 헬라인에게도 말하여 주
예수를 전파하니
21. 주의 손이 그들과 함께 하시매 수많은 사람들이 믿고 주께 돌아오더라
22. 예루살렘 교회가 이 사람들의 소문을 듣고 바나바를 안디옥까지 보내니
23. 그가 이르러 하나님의 은혜를 보고 기뻐하여 모든 사람에게 굳건한 마음으로
주와 함께 머물러 있으라 권하니
24. 바나바는 착한 사람이요 성령과 믿음이 충만한 사람이라 이에 큰 무리가 주께
더하여지더라

25. 바나바가 사울을 찾으러 다소에 가서
26. 만나매 안디옥에 데리고 와서 둘이 교회에 일 년간 모여 있어 큰 무리를 가르쳤고 제자들이 안디옥에서 비로소 그리스도인이라 일컬음을 받게 되었더라
27. 그 때에 선지자들이 예루살렘에서 안디옥에 이르니
28. 그 중에 아가보라 하는 한 사람이 일어나 성령으로 말하되 천하에 큰 흉년이 들리라 하더니 글라우디오 때에 그렇게 되니라
29. 제자들이 각각 그 힘대로 유대에 사는 형제들에게 부조를 보내기로 작정하고
30. 이를 실행하여 바나바와 사울의 손으로 장로들에게 보내니라

사도행전 12장

1. 그 때에 헤롯 왕이 손을 들어 교회 중에서 몇 사람을 해하려 하여
2. 요한의 형제 야고보를 칼로 죽이니
3. 유대인들이 이 일을 기뻐하는 것을 보고 베드로도 잡으려 할새 때는 무교절 기간이라
4. 잡으매 옥에 가두어 군인 넷씩인 네 패에게 맡겨 지키고 유월절 후에 백성 앞에 끌어 내고자 하더라
5. 이에 베드로는 옥에 갇혔고 교회는 그를 위하여 간절히 하나님께 기도하더라
6. 헤롯이 잡아 내려고 하는 그 전날 밤에 베드로가 두 군인 틈에서 두 쇠사슬에 매여 누워 자는데 파수꾼들이 문 밖에서 옥을 지키더니

25. 바나바가 사울을 찾으러 다소에 가서
26. 만나매 안디옥에 데리고 와서 둘이 교회에 일 년간 모여 있어 큰 무리를 가르쳤고 제자들이 안디옥에서 비로소 그리스도인이라 일컬음을 받게 되었더라
27. 그 때에 선지자들이 예루살렘에서 안디옥에 이르니
28. 그 중에 아가보라 하는 한 사람이 일어나 성령으로 말하되 천하에 큰 흉년이 들리라 하더니 글라우디오 때에 그렇게 되니라
29. 제자들이 각각 그 힘대로 유대에 사는 형제들에게 부조를 보내기로 작정하고
30. 이를 실행하여 바나바와 사울의 손으로 장로들에게 보내니라

사도행전 12장

1. 그 때에 헤롯 왕이 손을 들어 교회 중에서 몇 사람을 해하려 하여
2. 요한의 형제 야고보를 칼로 죽이니
3. 유대인들이 이 일을 기뻐하는 것을 보고 베드로도 잡으려 할새 때는 무교절 기간이라
4. 잡으매 옥에 가두어 군인 넷씩인 네 패에게 맡겨 지키고 유월절 후에 백성 앞에 끌어 내고자 하더라
5. 이에 베드로는 옥에 갇혔고 교회는 그를 위하여 간절히 하나님께 기도하더라
6. 헤롯이 잡아 내려고 하는 그 전날 밤에 베드로가 두 군인 틈에서 두 쇠사슬에 매여 누워 자는데 파수꾼들이 문 밖에서 옥을 지키더니

7. 홀연히 주의 사자가 나타나매 옥중에 광채가 빛나며 또 베드로의 옆구리를 쳐 깨워 이르되 급히 일어나라 하니 쇠사슬이 그 손에서 벗어지더라
8. 천사가 이르되 띠를 띠고 신을 신으라 하거늘 베드로가 그대로 하니 천사가 또 이르되 겉옷을 입고 따라오라 한대
9. 베드로가 나와서 따라갈새 천사가 하는 것이 생시인 줄 알지 못하고 환상을 보는가 하니라
10. 이에 첫째와 둘째 파수를 지나 시내로 통한 쇠문에 이르니 문이 저절로 열리는지라 나와서 한 거리를 지나매 천사가 곧 떠나더라
11. 이에 베드로가 정신이 들어 이르되 내가 이제야 참으로 주께서 그의 천사를 보내어 나를 헤롯의 손과 유대 백성의 모든 기대에서 벗어나게 하신 줄 알겠노라 하여
12. 깨닫고 마가라 하는 요한의 어머니 마리아의 집에 가니 여러 사람이 거기에 모여 기도하고 있더라
13. 베드로가 대문을 두드린대 로데라 하는 여자 아이가 영접하러 나왔다가
14. 베드로의 음성인 줄 알고 기뻐하여 문을 미처 열지 못하고 달려 들어가 말하되 베드로가 대문 밖에 섰더라 하니
15. 그들이 말하되 네가 미쳤다 하나 여자 아이는 힘써 말하되 참말이라 하니 그들이 말하되 그러면 그의 천사라 하더라
16. 베드로가 문 두드리기를 그치지 아니하니 그들이 문을 열어 베드로를 보고 놀라는지라
17. 베드로가 그들에게 손짓하여 조용하게 하고 주께서 자기를 이끌어 옥에서 나오게 하던 일을 말하고 또 야고보와 형제들에게 이 말을 전하라 하고 떠나 다른

7. 홀연히 주의 사자가 나타나매 옥중에 광채가 빛나며 또 베드로의 옆구리를 쳐 깨워 이르되 급히 일어나라 하니 쇠사슬이 그 손에서 벗어지더라
8. 천사가 이르되 띠를 띠고 신을 신으라 하거늘 베드로가 그대로 하니 천사가 또 이르되 겉옷을 입고 따라오라 한대
9. 베드로가 나와서 따라갈새 천사가 하는 것이 생시인 줄 알지 못하고 환상을 보는가 하니라
10. 이에 첫째와 둘째 파수를 지나 시내로 통한 쇠문에 이르니 문이 저절로 열리는지라 나와서 한 거리를 지나매 천사가 곧 떠나더라
11. 이에 베드로가 정신이 들어 이르되 내가 이제야 참으로 주께서 그의 천사를 보내어 나를 헤롯의 손과 유대 백성의 모든 기대에서 벗어나게 하신 줄 알겠노라 하여
12. 깨닫고 마가라 하는 요한의 어머니 마리아의 집에 가니 여러 사람이 거기에 모여 기도하고 있더라
13. 베드로가 대문을 두드린대 로데라 하는 여자 아이가 영접하러 나왔다가
14. 베드로의 음성인 줄 알고 기뻐하여 문을 미처 열지 못하고 달려 들어가 말하되 베드로가 대문 밖에 섰더라 하니
15. 그들이 말하되 네가 미쳤다 하나 여자 아이는 힘써 말하되 참말이라 하니 그들이 말하되 그러면 그의 천사라 하더라
16. 베드로가 문 두드리기를 그치지 아니하니 그들이 문을 열어 베드로를 보고 놀라는지라
17. 베드로가 그들에게 손짓하여 조용하게 하고 주께서 자기를 이끌어 옥에서 나오게 하던 일을 말하고 또 야고보와 형제들에게 이 말을 전하라 하고 떠나 다른

곳으로 가니라
18. 날이 새매 군인들은 베드로가 어떻게 되었는지 알지 못하여 적지 않게 소동하니
19. 헤롯이 그를 찾아도 보지 못하매 파수꾼들을 심문하고 죽이라 명하니라 헤롯이 유대를 떠나 가이사랴로 내려가서 머무니라
20. 헤롯이 두로와 시돈 사람들을 대단히 노여워하니 그들의 지방이 왕국에서 나는 양식을 먹는 까닭에 한마음으로 그에게 나아와 왕의 침소 맡은 신하 블라스도를 설득하여 화목하기를 청한지라
21. 헤롯이 날을 택하여 왕복을 입고 단상에 앉아 백성에게 연설하니
22. 백성들이 크게 부르되 이것은 신의 소리요 사람의 소리가 아니라 하거늘
23. 헤롯이 영광을 하나님께로 돌리지 아니하므로 주의 사자가 곧 치니 벌레에게 먹혀 죽으니라
24. 하나님의 말씀은 흥왕하여 더하더라
25. 바나바와 사울이 부조하는 일을 마치고 마가라 하는 요한을 데리고 예루살렘에서 돌아오니라

사도행전 13장

1. 안디옥 교회에 선지자들과 교사들이 있으니 곧 바나바와 니게르라 하는 시므온과 구레네 사람 루기오와 분봉 왕 헤롯의 젖동생 마나엔과 및 사울이라
2. 주를 섬겨 금식할 때에 성령이 이르시되 내가 불러 시키는 일을 위하여 바나바와 사울을 따로 세우라 하시니

곳으로 가니라
18. 날이 새매 군인들은 베드로가 어떻게 되었는지 알지 못하여 적지 않게
소동하니
19. 헤롯이 그를 찾아도 보지 못하매 파수꾼들을 심문하고 죽이라 명하니라
헤롯이 유대를 떠나 가이사랴로 내려가서 머무니라
20. 헤롯이 두로와 시돈 사람들을 대단히 노여워하니 그들의 지방이 왕국에
서 나는 양식을 먹는 까닭에 한마음으로 그에게 나아와 왕의 침소 맡은
신하 블라스도를 설득하여 화목하기를 청한지라
21. 헤롯이 날을 택하여 왕복을 입고 단상에 앉아 백성에게 연설하니
22. 백성들이 크게 부르되 이것은 신의 소리요 사람의 소리가 아니라 하거늘
23. 헤롯이 영광을 하나님께로 돌리지 아니하므로 주의 사자가 곧 치니 벌
레에게 먹혀 죽으니라
24. 하나님의 말씀은 흥왕하여 더하더라
25. 바나바와 사울이 부조하는 일을 마치고 마가라 하는 요한을 데리고 예
루살렘에서 돌아오니라

사도행전 13장

1. 안디옥 교회에 선지자들과 교사들이 있으니 곧 바나바와 니게르라 하는
시므온과 구레네 사람 루기오와 분봉 왕 헤롯의 젖동생 마나엔과 및 사
울이라
2. 주를 섬겨 금식할 때에 성령이 이르시되 내가 불러 시키는 일을 위하여
바나바와 사울을 따로 세우라 하시니

3. 이에 금식하며 기도하고 두 사람에게 안수하여 보내니라
4. 두 사람이 성령의 보내심을 받아 실루기아에 내려가 거기서 배 타고 구브로에 가서
5. 살라미에 이르러 하나님의 말씀을 유대인의 여러 회당에서 전할새 요한을 수행원으로 두었더라
6. 온 섬 가운데로 지나서 바보에 이르러 바예수라 하는 유대인 거짓 선지자인 마술사를 만나니
7. 그가 총독 서기오 바울과 함께 있으니 서기오 바울은 지혜 있는 사람이라 바나바와 사울을 불러 하나님의 말씀을 듣고자 하더라
8. 이 마술사 엘루마는 (이 이름을 번역하면 마술사라) 그들을 대적하여 총독으로 믿지 못하게 힘쓰니
9. 바울이라고 하는 사울이 성령이 충만하여 그를 주목하고
10. 이르되 모든 거짓과 악행이 가득한 자요 마귀의 자식이요 모든 의의 원수여 주의 바른 길을 굽게 하기를 그치지 아니하겠느냐
11. 보라 이제 주의 손이 네 위에 있으니 네가 맹인이 되어 얼마 동안 해를 보지 못하리라 하니 즉시 안개와 어둠이 그를 덮어 인도할 사람을 두루 구하는지라
12. 이에 총독이 그렇게 된 것을 보고 믿으며 주의 가르치심을 놀랍게 여기니라
13. 바울과 및 동행하는 사람들이 바보에서 배 타고 밤빌리아에 있는 버가에 이르니 요한은 그들에게서 떠나 예루살렘으로 돌아가고
14. 그들은 버가에서 더 나아가 비시디아 안디옥에 이르러 안식일에 회당에 들어가 앉으니라
15. 율법과 선지자의 글을 읽은 후에 회당장들이 사람을 보내어 물어 이르되 형제

3. 이에 금식하며 기도하고 두 사람에게 안수하여 보내니라
4. 두 사람이 성령의 보내심을 받아 실루기아에 내려가 거기서 배 타고 구브로에 가서
5. 살라미에 이르러 하나님의 말씀을 유대인의 여러 회당에서 전할새 요한을 수행원으로 두었더라
6. 온 섬 가운데로 지나서 바보에 이르러 바예수라 하는 유대인 거짓 선지자인 마술사를 만나니
7. 그가 총독 서기오 바울과 함께 있으니 서기오 바울은 지혜 있는 사람이라 바나바와 사울을 불러 하나님의 말씀을 듣고자 하더라
8. 이 마술사 엘루마는 (이 이름을 번역하면 마술사라) 그들을 대적하여 총독으로 믿지 못하게 힘쓰니
9. 바울이라고 하는 사울이 성령이 충만하여 그를 주목하고
10. 이르되 모든 거짓과 악행이 가득한 자요 마귀의 자식이요 모든 의의 원수여 주의 바른 길을 굽게 하기를 그치지 아니하겠느냐
11. 보라 이제 주의 손이 네 위에 있으니 네가 맹인이 되어 얼마 동안 해를 보지 못하리라 하니 즉시 안개와 어둠이 그를 덮어 인도할 사람을 두루 구하는지라
12. 이에 총독이 그렇게 된 것을 보고 믿으며 주의 가르치심을 놀랍게 여기니라
13. 바울과 및 동행하는 사람들이 바보에서 배 타고 밤빌리아에 있는 버가에 이르니 요한은 그들에게서 떠나 예루살렘으로 돌아가고
14. 그들은 버가에서 더 나아가 비시디아 안디옥에 이르러 안식일에 회당에 들어가 앉으니라
15. 율법과 선지자의 글을 읽은 후에 회당장들이 사람을 보내어 물어 이르되 형제

들아 만일 백성을 권할 말이 있거든 말하라 하니
16. 바울이 일어나 손짓하며 말하되 이스라엘 사람들과 및 하나님을 경외하
는 사람들아 들으라
17. 이 이스라엘 백성의 하나님이 우리 조상들을 택하시고 애굽 땅에서 나
그네 된 그 백성을 높여 큰 권능으로 인도하여 내사
18. 광야에서 약 사십 년간 그들의 소행을 참으시고
19. 가나안 땅 일곱 족속을 멸하사 그 땅을 기업으로 주시기까지 약 사백오
십 년간이라
20. 그 후에 선지자 사무엘 때까지 사사를 주셨더니
21. 그 후에 그들이 왕을 구하거늘 하나님이 베냐민 지파 사람 기스의 아들
사울을 사십 년간 주셨다가
22. 폐하시고 다윗을 왕으로 세우시고 증언하여 이르시되 내가 이새의 아들
다윗을 만나니 내 마음에 맞는 사람이라 내 뜻을 다 이루리라 하시더니
23. 하나님이 약속하신 대로 이 사람의 후손에서 이스라엘을 위하여 구주를
세우셨으니 곧 예수라
24. 그가 오시기에 앞서 요한이 먼저 회개의 세례를 이스라엘 모든 백성에
게 전파하니라
25. 요한이 그 달려갈 길을 마칠 때에 말하되 너희가 나를 누구로 생각하느
냐 나는 그리스도가 아니라 내 뒤에 오시는 이가 있으니 나는 그 발의
신발끈을 풀기도 감당하지 못하리라 하였으니
26. 형제들아 아브라함의 후손과 너희 중 하나님을 경외하는 사람들아 이
구원의 말씀을 우리에게 보내셨거늘

들아 만일 백성을 권할 말이 있거든 말하라 하니
16. 바울이 일어나 손짓하며 말하되 이스라엘 사람들과 및 하나님을 경외하
는 사람들아 들으라
17. 이 이스라엘 백성의 하나님이 우리 조상들을 택하시고 애굽 땅에서 나
그네 된 그 백성을 높여 큰 권능으로 인도하여 내사
18. 광야에서 약 사십 년간 그들의 소행을 참으시고
19. 가나안 땅 일곱 족속을 멸하사 그 땅을 기업으로 주시기까지 약 사백오
십 년간이라
20. 그 후에 선지자 사무엘 때까지 사사를 주셨더니
21. 그 후에 그들이 왕을 구하거늘 하나님이 베냐민 지파 사람 기스의 아들
사울을 사십 년간 주셨다가
22. 폐하시고 다윗을 왕으로 세우시고 증언하여 이르시되 내가 이새의 아들
다윗을 만나니 내 마음에 맞는 사람이라 내 뜻을 다 이루리라 하시더니
23. 하나님이 약속하신 대로 이 사람의 후손에서 이스라엘을 위하여 구주를
세우셨으니 곧 예수라
24. 그가 오시기에 앞서 요한이 먼저 회개의 세례를 이스라엘 모든 백성에
게 전파하니라
25. 요한이 그 달려갈 길을 마칠 때에 말하되 너희가 나를 누구로 생각하느
냐 나는 그리스도가 아니라 내 뒤에 오시는 이가 있으니 나는 그 발의
신발끈을 풀기도 감당하지 못하리라 하였으니
26. 형제들아 아브라함의 후손과 너희 중 하나님을 경외하는 사람들아 이
구원의 말씀을 우리에게 보내셨거늘

27. 예루살렘에 사는 자들과 그들 관리들이 예수와 및 안식일마다 외우는 바 선지자들의 말을 알지 못하므로 예수를 정죄하여 선지자들의 말을 응하게 하였도다
28. 죽일 죄를 하나도 찾지 못하였으나 빌라도에게 죽여 달라 하였으니
29. 성경에 그를 가리켜 기록한 말씀을 다 응하게 한 것이라 후에 나무에서 내려다가 무덤에 두었으나
30. 하나님이 죽은 자 가운데서 그를 살리신지라
31. 갈릴리로부터 예루살렘에 함께 올라간 사람들에게 여러 날 보이셨으니 그들이 이제 백성 앞에서 그의 증인이라
32. 우리도 조상들에게 주신 약속을 너희에게 전파하노니
33. 곧 하나님이 예수를 일으키사 우리 자녀들에게 이 약속을 이루게 하셨다 함이라 시편 둘째 편에 기록한 바와 같이 너는 내 아들이라 오늘 너를 낳았다 하셨고
34. 또 하나님께서 죽은 자 가운데서 그를 일으키사 다시 썩음을 당하지 않게 하실 것을 가르쳐 이르시되 내가 다윗의 거룩하고 미쁜 은사를 너희에게 주리라 하셨으며
35. 또 다른 시편에 일렀으되 주의 거룩한 자로 썩음을 당하지 않게 하시리라 하셨느니라
36. 다윗은 당시에 하나님의 뜻을 따라 섬기다가 잠들어 그 조상들과 함께 묻혀 썩음을 당하였으되
37. 하나님께서 살리신 이는 썩음을 당하지 아니하였나니
38. 그러므로 형제들아 너희가 알 것은 이 사람을 힘입어 죄 사함을 너희에게 전하는 이것이며
39. 또 모세의 율법으로 너희가 의롭다 하심을 얻지 못하던 모든 일에도 이 사람을

27. 예루살렘에 사는 자들과 그들 관리들이 예수와 및 안식일마다 외우는 바 선지자들의 말을 알지 못하므로 예수를 정죄하여 선지자들의 말을 응하게 하였도다
28. 죽일 죄를 하나도 찾지 못하였으나 빌라도에게 죽여 달라 하였으니
29. 성경에 그를 가리켜 기록한 말씀을 다 응하게 한 것이라 후에 나무에서 내려다가 무덤에 두었으나
30. 하나님이 죽은 자 가운데서 그를 살리신지라
31. 갈릴리로부터 예루살렘에 함께 올라간 사람들에게 여러 날 보이셨으니 그들이 이제 백성 앞에서 그의 증인이라
32. 우리도 조상들에게 주신 약속을 너희에게 전파하노니
33. 곧 하나님이 예수를 일으키사 우리 자녀들에게 이 약속을 이루게 하셨다 함이라 시편 둘째 편에 기록한 바와 같이 너는 내 아들이라 오늘 너를 낳았다 하셨고
34. 또 하나님께서 죽은 자 가운데서 그를 일으키사 다시 썩음을 당하지 않게 하실 것을 가르쳐 이르시되 내가 다윗의 거룩하고 미쁜 은사를 너희에게 주리라 하셨으며
35. 또 다른 시편에 일렀으되 주의 거룩한 자로 썩음을 당하지 않게 하시리라 하셨느니라
36. 다윗은 당시에 하나님의 뜻을 따라 섬기다가 잠들어 그 조상들과 함께 묻혀 썩음을 당하였으되
37. 하나님께서 살리신 이는 썩음을 당하지 아니하였나니
38. 그러므로 형제들아 너희가 알 것은 이 사람을 힘입어 죄 사함을 너희에게 전하는 이것이며
39. 또 모세의 율법으로 너희가 의롭다 하심을 얻지 못하던 모든 일에도 이 사람을

힘입어 믿는 자마다 의롭다 하심을 얻는 이것이라
40.그런즉 너희는 선지자들을 통하여 말씀하신 것이 너희에게 미칠까 삼
가라
41. 일렀으되 보라 멸시하는 사람들아 너희는 놀라고 멸망하라 내가 너희
때를 당하여 한 일을 행할 것이니 사람이 너희에게 일러줄지라도 도무
지 믿지 못할 일이라 하였느니라 하니라
42.그들이 나갈새 사람들이 청하되 다음 안식일에도 이 말씀을 하라 하더라
43.회당의 모임이 끝난 후에 유대인과 유대교에 입교한 경건한 사람들이
많이 바울과 바나바를 따르니 두 사도가 더불어 말하고 항상 하나님의
은혜 가운데 있으라 권하니라
44.그 다음 안식일에는 온 시민이 거의 다 하나님의 말씀을 듣고자 하여 모
이니
45.유대인들이 그 무리를 보고 시기가 가득하여 바울이 말한 것을 반박하
고 비방하거늘
46.바울과 바나바가 담대히 말하여 이르되 하나님의 말씀을 마땅히 먼저
너희에게 전할 것이로되 너희가 그것을 버리고 영생을 얻기에 합당하
지 않은 자로 자처하기로 우리가 이방인에게로 향하노라
47.주께서 이같이 우리에게 명하시되 내가 너를 이방의 빛으로 삼아 너로
땅 끝까지 구원하게 하리라 하셨느니라 하니
48.이방인들이 듣고 기뻐하여 하나님의 말씀을 찬송하며 영생을 주시기로
작정된 자는 다 믿더라
49.주의 말씀이 그 지방에 두루 퍼지니라

힘입어 믿는 자마다 의롭다 하심을 얻는 이것이라
40. 그런즉 너희는 선지자들을 통하여 말씀하신 것이 너희에게 미칠까 삼
가라
41. 일렀으되 보라 멸시하는 사람들아 너희는 놀라고 멸망하라 내가 너희
때를 당하여 한 일을 행할 것이니 사람이 너희에게 일러줄지라도 도무
지 믿지 못할 일이라 하였느니라 하니라
42. 그들이 나갈새 사람들이 청하되 다음 안식일에도 이 말씀을 하라 하더라
43. 회당의 모임이 끝난 후에 유대인과 유대교에 입교한 경건한 사람들이
많이 바울과 바나바를 따르니 두 사도가 더불어 말하고 항상 하나님의
은혜 가운데 있으라 권하니라
44. 그 다음 안식일에는 온 시민이 거의 다 하나님의 말씀을 듣고자 하여 모
이니
45. 유대인들이 그 무리를 보고 시기가 가득하여 바울이 말한 것을 반박하
고 비방하거늘
46. 바울과 바나바가 담대히 말하여 이르되 하나님의 말씀을 마땅히 먼저
너희에게 전할 것이로되 너희가 그것을 버리고 영생을 얻기에 합당하지
않은 자로 자처하기로 우리가 이방인에게로 향하노라
47. 주께서 이같이 우리에게 명하시되 내가 너를 이방의 빛으로 삼아 너로
땅 끝까지 구원하게 하리라 하셨느니라 하니
48. 이방인들이 듣고 기뻐하여 하나님의 말씀을 찬송하며 영생을 주시기로
작정된 자는 다 믿더라
49. 주의 말씀이 그 지방에 두루 퍼지니라

50. 이에 유대인들이 경건한 귀부인들과 그 시내 유력자들을 선동하여 바울과 바나바를 박해하게 하여 그 지역에서 쫓아내니
51. 두 사람이 그들을 향하여 발의 티끌을 떨어 버리고 이고니온으로 가거늘
52. 제자들은 기쁨과 성령이 충만하니라

사도행전 14장

1. 이에 이고니온에서 두 사도가 함께 유대인의 회당에 들어가 말하니 유대와 헬라의 허다한 무리가 믿더라
2. 그러나 순종하지 아니하는 유대인들이 이방인들의 마음을 선동하여 형제들에게 악감을 품게 하거늘
3. 두 사도가 오래 있어 주를 힘입어 담대히 말하니 주께서 그들의 손으로 표적과 기사를 행하게 하여 주사 자기 은혜의 말씀을 증언하시니
4. 그 시내의 무리가 나뉘어 유대인을 따르는 자도 있고 두 사도를 따르는 자도 있는지라
5. 이방인과 유대인과 그 관리들이 두 사도를 모욕하며 돌로 치려고 달려드니
6. 그들이 알고 도망하여 루가오니아의 두 성 루스드라와 더베와 그 근방으로 가서
7. 거기서 복음을 전하니라
8. 루스드라에 발을 쓰지 못하는 한 사람이 앉아 있는데 나면서 걷지 못하게 되어 걸어 본 적이 없는 자라
9. 바울이 말하는 것을 듣거늘 바울이 주목하여 구원 받을 만한 믿음이 그에게 있는 것을 보고
10. 큰 소리로 이르되 네 발로 바로 일어서라 하니 그 사람이 일어나 걷는지라

50. 이에 유대인들이 경건한 귀부인들과 그 시내 유력자들을 선동하여 바울과 바나바를 박해하게 하여 그 지역에서 쫓아내니
51. 두 사람이 그들을 향하여 발의 티끌을 떨어 버리고 이고니온으로 가거늘
52. 제자들은 기쁨과 성령이 충만하니라

사도행전 14장

1. 이에 이고니온에서 두 사도가 함께 유대인의 회당에 들어가 말하니 유대와 헬라의 허다한 무리가 믿더라
2. 그러나 순종하지 아니하는 유대인들이 이방인들의 마음을 선동하여 형제들에게 악감을 품게 하거늘
3. 두 사도가 오래 있어 주를 힘입어 담대히 말하니 주께서 그들의 손으로 표적과 기사를 행하게 하여 주사 자기 은혜의 말씀을 증언하시니
4. 그 시내의 무리가 나뉘어 유대인을 따르는 자도 있고 두 사도를 따르는 자도 있는지라
5. 이방인과 유대인과 그 관리들이 두 사도를 모욕하며 돌로 치려고 달려드니
6. 그들이 알고 도망하여 루가오니아의 두 성 루스드라와 더베와 그 근방으로 가서
7. 거기서 복음을 전하니라
8. 루스드라에 발을 쓰지 못하는 한 사람이 앉아 있는데 나면서 걷지 못하게 되어 걸어 본 적이 없는 자라
9. 바울이 말하는 것을 듣거늘 바울이 주목하여 구원 받을 만한 믿음이 그에게 있는 것을 보고
10. 큰 소리로 이르되 네 발로 바로 일어서라 하니 그 사람이 일어나 걷는지라

11. 무리가 바울이 한 일을 보고 루가오니아 방언으로 소리 질러 이르되 신
들이 사람의 형상으로 우리 가운데 내려오셨다 하여
12. 바나바는 제우스라 하고 바울은 그 중에 말하는 자이므로 헤르메스라
하더라
13. 시외 제우스 신당의 제사장이 소와 화환들을 가지고 대문 앞에 와서 무
리와 함께 제사하고자 하니
14. 두 사도 바나바와 바울이 듣고 옷을 찢고 무리 가운데 뛰어 들어가서 소
리 질러
15. 이르되 여러분이여 어찌하여 이러한 일을 하느냐 우리도 여러분과 같은
성정을 가진 사람이라 여러분에게 복음을 전하는 것은 이런 헛된 일을
버리고 천지와 바다와 그 가운데 만물을 지으시고 살아 계신 하나님께
로 돌아오게 함이라
16. 하나님이 지나간 세대에는 모든 민족으로 자기들의 길들을 가게 방임하
셨으나
17. 그러나 자기를 증언하지 아니하신 것이 아니니 곧 여러분에게 하늘로부
터 비를 내리시며 결실기를 주시는 선한 일을 하사 음식과 기쁨으로 여
러분의 마음에 만족하게 하셨느니라 하고
18. 이렇게 말하여 겨우 무리를 말려 자기들에게 제사를 못하게 하니라
19. 유대인들이 안디옥과 이고니온에서 와서 무리를 충동하니 그들이 돌로
바울을 쳐서 죽은 줄로 알고 시외로 끌어 내치니라
20. 제자들이 둘러섰을 때에 바울이 일어나 그 성에 들어갔다가 이튿날 바
나바와 함께 더베로 가서

11. 무리가 바울이 한 일을 보고 루가오니아 방언으로 소리 질러 이르되 신
들이 사람의 형상으로 우리 가운데 내려오셨다 하여
12. 바나바는 제우스라 하고 바울은 그 중에 말하는 자이므로 헤르메스라
하더라
13. 시외 제우스 신당의 제사장이 소와 화환들을 가지고 대문 앞에 와서 무
리와 함께 제사하고자 하니
14. 두 사도 바나바와 바울이 듣고 옷을 찢고 무리 가운데 뛰어 들어가서 소
리 질러
15. 이르되 여러분이여 어찌하여 이러한 일을 하느냐 우리도 여러분과 같은
성정을 가진 사람이라 여러분에게 복음을 전하는 것은 이런 헛된 일을
버리고 천지와 바다와 그 가운데 만물을 지으시고 살아 계신 하나님께
로 돌아오게 함이라
16. 하나님이 지나간 세대에는 모든 민족으로 자기들의 길들을 가게 방임하
셨으나
17. 그러나 자기를 증언하지 아니하신 것이 아니니 곧 여러분에게 하늘로부
터 비를 내리시며 결실기를 주시는 선한 일을 하사 음식과 기쁨으로 여
러분의 마음에 만족하게 하셨느니라 하고
18. 이렇게 말하여 겨우 무리를 말려 자기들에게 제사를 못하게 하니라
19. 유대인들이 안디옥과 이고니온에서 와서 무리를 충동하니 그들이 돌로
바울을 쳐서 죽은 줄로 알고 시외로 끌어 내치니라
20. 제자들이 둘러섰을 때에 바울이 일어나 그 성에 들어갔다가 이튿날 바
나바와 함께 더베로 가서

21. 복음을 그 성에서 전하여 많은 사람을 제자로 삼고 루스드라와 이고니온과 안디옥으로 돌아가서
22. 제자들의 마음을 굳게 하여 이 믿음에 머물러 있으라 권하고 또 우리가 하나님의 나라에 들어가려면 많은 환난을 겪어야 할 것이라 하고
23. 각 교회에서 장로들을 택하여 금식 기도 하며 그들이 믿는 주께 그들을 위탁하고
24. 비시디아 가운데로 지나서 밤빌리아에 이르러
25. 말씀을 버가에서 전하고 앗달리아로 내려가서
26. 거기서 배 타고 안디옥에 이르니 이 곳은 두 사도가 이룬 그 일을 위하여 전에 하나님의 은혜에 부탁하던 곳이라
27. 그들이 이르러 교회를 모아 하나님이 함께 행하신 모든 일과 이방인들에게 믿음의 문을 여신 것을 보고하고
28. 제자들과 함께 오래 있으니라

사도행전 15장

1. 어떤 사람들이 유대로부터 내려와서 형제들을 가르치되 너희가 모세의 법대로 할례를 받지 아니하면 능히 구원을 받지 못하리라 하니
2. 바울 및 바나바와 그들 사이에 적지 아니한 다툼과 변론이 일어난지라 형제들이 이 문제에 대하여 바울과 바나바와 및 그 중의 몇 사람을 예루살렘에 있는 사도와 장로들에게 보내기로 작정하니라
3. 그들이 교회의 전송을 받고 베니게와 사마리아로 다니며 이방인들이 주께 돌아온 일을 말하여 형제들을 다 크게 기쁘게 하더라

21. 복음을 그 성에서 전하여 많은 사람을 제자로 삼고 루스드라와 이고니온과 안디옥으로 돌아가서
22. 제자들의 마음을 굳게 하여 이 믿음에 머물러 있으라 권하고 또 우리가 하나님의 나라에 들어가려면 많은 환난을 겪어야 할 것이라 하고
23. 각 교회에서 장로들을 택하여 금식 기도 하며 그들이 믿는 주께 그들을 위탁하고
24. 비시디아 가운데로 지나서 밤빌리아에 이르러
25. 말씀을 버가에서 전하고 앗달리아로 내려가서
26. 거기서 배 타고 안디옥에 이르니 이 곳은 두 사도가 이룬 그 일을 위하여 전에 하나님의 은혜에 부탁하던 곳이라
27. 그들이 이르러 교회를 모아 하나님이 함께 행하신 모든 일과 이방인들에게 믿음의 문을 여신 것을 보고하고
28. 제자들과 함께 오래 있으니라

사도행전 15장

1. 어떤 사람들이 유대로부터 내려와서 형제들을 가르치되 너희가 모세의 법대로 할례를 받지 아니하면 능히 구원을 받지 못하리라 하니
2. 바울 및 바나바와 그들 사이에 적지 아니한 다툼과 변론이 일어난지라 형제들이 이 문제에 대하여 바울과 바나바와 및 그 중의 몇 사람을 예루살렘에 있는 사도와 장로들에게 보내기로 작정하니라
3. 그들이 교회의 전송을 받고 베니게와 사마리아로 다니며 이방인들이 주께 돌아온 일을 말하여 형제들을 다 크게 기쁘게 하더라

4. 예루살렘에 이르러 교회와 사도와 장로들에게 영접을 받고 하나님이 자기들과 함께 계셔 행하신 모든 일을 말하매
5. 바리새파 중에 어떤 믿는 사람들이 일어나 말하되 이방인에게 할례를 행하고 모세의 율법을 지키라 명하는 것이 마땅하다 하니라
6. 사도와 장로들이 이 일을 의논하러 모여
7. 많은 변론이 있은 후에 베드로가 일어나 말하되 형제들아 너희도 알거니와 하나님이 이방인들로 내 입에서 복음의 말씀을 들어 믿게 하시려고 오래 전부터 너희 가운데서 나를 택하시고
8. 또 마음을 아시는 하나님이 우리에게와 같이 그들에게도 성령을 주어 증언하시고
9. 믿음으로 그들의 마음을 깨끗이 하사 그들이나 우리나 차별하지 아니하셨느니라
10. 그런데 지금 너희가 어찌하여 하나님을 시험하여 우리 조상과 우리도 능히 메지 못하던 멍에를 제자들의 목에 두려느냐
11. 그러나 우리는 그들이 우리와 동일하게 주 예수의 은혜로 구원 받는 줄을 믿노라 하니라
12. 온 무리가 가만히 있어 바나바와 바울이 하나님께서 자기들로 말미암아 이방인 중에서 행하신 표적과 기사에 관하여 말하는 것을 듣더니
13. 말을 마치매 야고보가 대답하여 이르되 형제들아 내 말을 들으라
14. 하나님이 처음으로 이방인 중에서 자기 이름을 위할 백성을 취하시려고 그들을 돌보신 것을 시므온이 말하였으니
15. 선지자들의 말씀이 이와 일치하도다 기록된 바

4. 예루살렘에 이르러 교회와 사도와 장로들에게 영접을 받고 하나님이 자
기들과 함께 계셔 행하신 모든 일을 말하매
5. 바리새파 중에 어떤 믿는 사람들이 일어나 말하되 이방인에게 할례를
행하고 모세의 율법을 지키라 명하는 것이 마땅하다 하니라
6. 사도와 장로들이 이 일을 의논하러 모여
7. 많은 변론이 있은 후에 베드로가 일어나 말하되 형제들아 너희도 알거
니와 하나님이 이방인들로 내 입에서 복음의 말씀을 들어 믿게 하시려
고 오래 전부터 너희 가운데서 나를 택하시고
8. 또 마음을 아시는 하나님이 우리에게와 같이 그들에게도 성령을 주어
증언하시고
9. 믿음으로 그들의 마음을 깨끗이 하사 그들이나 우리나 차별하지 아니하
셨느니라
10. 그런데 지금 너희가 어찌하여 하나님을 시험하여 우리 조상과 우리도
능히 메지 못하던 멍에를 제자들의 목에 두려느냐
11. 그러나 우리는 그들이 우리와 동일하게 주 예수의 은혜로 구원 받는 줄
을 믿노라 하니라
12. 온 무리가 가만히 있어 바나바와 바울이 하나님께서 자기들로 말미암아
이방인 중에서 행하신 표적과 기사에 관하여 말하는 것을 듣더니
13. 말을 마치매 야고보가 대답하여 이르되 형제들아 내 말을 들으라
14. 하나님이 처음으로 이방인 중에서 자기 이름을 위할 백성을 취하시려고
그들을 돌보신 것을 시므온이 말하였으니
15. 선지자들의 말씀이 이와 일치하도다 기록된 바

16. 이 후에 내가 돌아와서 다윗의 무너진 장막을 다시 지으며 또 그 허물어진 것을 다시 지어 일으키리니
17. 이는 그 남은 사람들과 내 이름으로 일컬음을 받는 모든 이방인들로 주를 찾게 하려 함이라 하셨으니
18. 즉 예로부터 이것을 알게 하시는 주의 말씀이라 함과 같으니라
19. 그러므로 내 의견에는 이방인 중에서 하나님께로 돌아오는 자들을 괴롭게 하지 말고
20. 다만 우상의 더러운 것과 음행과 목매어 죽인 것과 피를 멀리하라고 편지하는 것이 옳으니
21. 이는 예로부터 각 성에서 모세를 전하는 자가 있어 안식일마다 회당에서 그 글을 읽음이라 하더라
22. 이에 사도와 장로와 온 교회가 그 중에서 사람들을 택하여 바울과 바나바와 함께 안디옥으로 보내기를 결정하니 곧 형제 중에 인도자인 바사바라 하는 유다와 실라더라
23. 그 편에 편지를 부쳐 이르되 사도와 장로 된 형제들은 안디옥과 수리아와 길리기아에 있는 이방인 형제들에게 문안하노라
24. 들은즉 우리 가운데서 어떤 사람들이 우리의 지시도 없이 나가서 말로 너희를 괴롭게 하고 마음을 혼란하게 한다 하기로
25. 사람을 택하여 우리 주 예수 그리스도의 이름을 위하여 생명을 아끼지 아니하는 자인 우리가 사랑하는 바나바와 바울과 함께 너희에게 보내기를 만장일치로 결정하였노라
26.

16. 이 후에 내가 돌아와서 다윗의 무너진 장막을 다시 지으며 또 그 허물어진 것을 다시 지어 일으키리니
17. 이는 그 남은 사람들과 내 이름으로 일컬음을 받는 모든 이방인들로 주를 찾게 하려 함이라 하셨으니
18. 즉 예로부터 이것을 알게 하시는 주의 말씀이라 함과 같으니라
19. 그러므로 내 의견에는 이방인 중에서 하나님께로 돌아오는 자들을 괴롭게 하지 말고
20. 다만 우상의 더러운 것과 음행과 목매어 죽인 것과 피를 멀리하라고 편지하는 것이 옳으니
21. 이는 예로부터 각 성에서 모세를 전하는 자가 있어 안식일마다 회당에서 그 글을 읽음이라 하더라
22. 이에 사도와 장로와 온 교회가 그 중에서 사람들을 택하여 바울과 바나바와 함께 안디옥으로 보내기를 결정하니 곧 형제 중에 인도자인 바사바라 하는 유다와 실라더라
23. 그 편에 편지를 부쳐 이르되 사도와 장로 된 형제들은 안디옥과 수리아와 길리기아에 있는 이방인 형제들에게 문안하노라
24. 들은즉 우리 가운데서 어떤 사람들이 우리의 지시도 없이 나가서 말로 너희를 괴롭게 하고 마음을 혼란하게 한다 하기로
25. 사람을 택하여 우리 주 예수 그리스도의 이름을 위하여 생명을 아끼지 아니하는 자인 우리가 사랑하는 바나바와 바울과 함께 너희에게 보내기를 만장일치로 결정하였노라
26.

27. 그리하여 유다와 실라를 보내니 그들도 이 일을 말로 전하리라
28. 성령과 우리는 이 요긴한 것들 외에는 아무 짐도 너희에게 지우지 아니하는 것이 옳은 줄 알았노니
29. 우상의 제물과 피와 목매어 죽인 것과 음행을 멀리할지니라 이에 스스로 삼가면 잘되리라 평안함을 원하노라 하였더라
30. 그들이 작별하고 안디옥에 내려가 무리를 모은 후에 편지를 전하니
31. 읽고 그 위로한 말을 기뻐하더라
32. 유다와 실라도 선지자라 여러 말로 형제를 권면하여 굳게 하고
33. 얼마 있다가 평안히 가라는 전송을 형제들에게 받고 자기를 보내던 사람들에게로 돌아가되
34. (없음)
35. 바울과 바나바는 안디옥에서 유하며 수다한 다른 사람들과 함께 주의 말씀을 가르치며 전파하니라
36. 며칠 후에 바울이 바나바더러 말하되 우리가 주의 말씀을 전한 각 성으로 다시 가서 형제들이 어떠한가 방문하자 하고
37. 바나바는 마가라 하는 요한도 데리고 가고자 하나
38. 바울은 밤빌리아에서 자기들을 떠나 함께 일하러 가지 아니한 자를 데리고 가는 것이 옳지 않다 하여
39. 서로 심히 다투어 피차 갈라서니 바나바는 마가를 데리고 배 타고 구브로로 가고
40. 바울은 실라를 택한 후에 형제들에게 주의 은혜에 부탁함을 받고 떠나
41. 수리아와 길리기아로 다니며 교회들을 견고하게 하니라

27. 그리하여 유다와 실라를 보내니 그들도 이 일을 말로 전하리라
28. 성령과 우리는 이 요긴한 것들 외에는 아무 짐도 너희에게 지우지 아니
하는 것이 옳은 줄 알았노니
29. 우상의 제물과 피와 목매어 죽인 것과 음행을 멀리할지니라 이에 스스
로 삼가면 잘되리라 평안함을 원하노라 하였더라
30. 그들이 작별하고 안디옥에 내려가 무리를 모은 후에 편지를 전하니
31. 읽고 그 위로한 말을 기뻐하더라
32. 유다와 실라도 선지자라 여러 말로 형제를 권면하여 굳게 하고
33. 얼마 있다가 평안히 가라는 전송을 형제들에게 받고 자기를 보내던 사
람들에게로 돌아가되
34. (없음)
35. 바울과 바나바는 안디옥에서 유하며 수다한 다른 사람들과 함께 주의
말씀을 가르치며 전파하니라
36. 며칠 후에 바울이 바나바더러 말하되 우리가 주의 말씀을 전한 각 성으
로 다시 가서 형제들이 어떠한가 방문하자 하고
37. 바나바는 마가라 하는 요한도 데리고 가고자 하나
38. 바울은 밤빌리아에서 자기들을 떠나 함께 일하러 가지 아니한 자를 데
리고 가는 것이 옳지 않다 하여
39. 서로 심히 다투어 피차 갈라서니 바나바는 마가를 데리고 배 타고 구브
로로 가고
40. 바울은 실라를 택한 후에 형제들에게 주의 은혜에 부탁함을 받고 떠나
41. 수리아와 길리기아로 다니며 교회들을 견고하게 하니라

사도행전 16장

1. 바울이 더베와 루스드라에도 이르매 거기 디모데라 하는 제자가 있으니 그 어머니는 믿는 유대 여자요 아버지는 헬라인이라
2. 디모데는 루스드라와 이고니온에 있는 형제들에게 칭찬 받는 자니
3. 바울이 그를 데리고 떠나고자 할새 그 지역에 있는 유대인으로 말미암아 그를 데려다가 할례를 행하니 이는 그 사람들이 그의 아버지는 헬라인인 줄 다 앎이러라
4. 여러 성으로 다녀 갈 때에 예루살렘에 있는 사도와 장로들이 작정한 규례를 그들에게 주어 지키게 하니
5. 이에 여러 교회가 믿음이 더 굳건해지고 수가 날마다 늘어가니라
6. 성령이 아시아에서 말씀을 전하지 못하게 하시거늘 그들이 브루기아와 갈라디아 땅으로 다녀가
7. 무시아 앞에 이르러 비두니아로 가고자 애쓰되 예수의 영이 허락하지 아니하시는지라
8. 무시아를 지나 드로아로 내려갔는데
9. 밤에 환상이 바울에게 보이니 마게도냐 사람 하나가 서서 그에게 청하여 이르되 마게도냐로 건너와서 우리를 도우라 하거늘
10. 바울이 그 환상을 보았을 때 우리가 곧 마게도냐로 떠나기를 힘쓰니 이는 하나님이 저 사람들에게 복음을 전하라고 우리를 부르신 줄로 인정함이러라
11. 우리가 드로아에서 배로 떠나 사모드라게로 직행하여 이튿날 네압볼리로 가고
12. 거기서 빌립보에 이르니 이는 마게도냐 지방의 첫 성이요 또 로마의 식민지라 이 성에서 수일을 유하다가

사도행전 16장

1. 바울이 더베와 루스드라에도 이르매 거기 디모데라 하는 제자가 있으니 그 어머니는 믿는 유대 여자요 아버지는 헬라인이라
2. 디모데는 루스드라와 이고니온에 있는 형제들에게 칭찬 받는 자니
3. 바울이 그를 데리고 떠나고자 할새 그 지역에 있는 유대인으로 말미암아 그를 데려다가 할례를 행하니 이는 그 사람들이 그의 아버지는 헬라인인 줄 다 앎이러라
4. 여러 성으로 다녀 갈 때에 예루살렘에 있는 사도와 장로들이 작정한 규례를 그들에게 주어 지키게 하니
5. 이에 여러 교회가 믿음이 더 굳건해지고 수가 날마다 늘어가니라
6. 성령이 아시아에서 말씀을 전하지 못하게 하시거늘 그들이 브루기아와 갈라디아 땅으로 다녀가
7. 무시아 앞에 이르러 비두니아로 가고자 애쓰되 예수의 영이 허락하지 아니하시는지라
8. 무시아를 지나 드로아로 내려갔는데
9. 밤에 환상이 바울에게 보이니 마게도냐 사람 하나가 서서 그에게 청하여 이르되 마게도냐로 건너와서 우리를 도우라 하거늘
10. 바울이 그 환상을 보았을 때 우리가 곧 마게도냐로 떠나기를 힘쓰니 이는 하나님이 저 사람들에게 복음을 전하라고 우리를 부르신 줄로 인정함이러라
11. 우리가 드로아에서 배로 떠나 사모드라게로 직행하여 이튿날 네압볼리로 가고
12. 거기서 빌립보에 이르니 이는 마게도냐 지방의 첫 성이요 또 로마의 식민지라 이 성에서 수일을 유하다가

13. 안식일에 우리가 기도할 곳이 있을까 하여 문 밖 강가에 나가 거기 앉아 서 모인 여자들에게 말하는데
14. 두아디라 시에 있는 자색 옷감 장사로서 하나님을 섬기는 루디아라 하는 한 여자가 말을 듣고 있을 때 주께서 그 마음을 열어 바울의 말을 따르게 하신지라
15. 그와 그 집이 다 세례를 받고 우리에게 청하여 이르되 만일 나를 주 믿는 자로 알거든 내 집에 들어와 유하라 하고 강권하여 머물게 하니라
16. 우리가 기도하는 곳에 가다가 점치는 귀신 들린 여종 하나를 만나니 점으로 그 주인들에게 큰 이익을 주는 자라
17. 그가 바울과 우리를 따라와 소리 질러 이르되 이 사람들은 지극히 높은 하나님의 종으로서 구원의 길을 너희에게 전하는 자라 하며
18. 이같이 여러 날을 하는지라 바울이 심히 괴로워하여 돌이켜 그 귀신에게 이르되 예수 그리스도의 이름으로 내가 네게 명하노니 그에게서 나오라 하니 귀신이 즉시 나오니라
19. 여종의 주인들은 자기 수익의 소망이 끊어진 것을 보고 바울과 실라를 붙잡아 장터로 관리들에게 끌어 갔다가
20. 상관들 앞에 데리고 가서 말하되 이 사람들이 유대인인데 우리 성을 심히 요란하게 하여
21. 로마 사람인 우리가 받지도 못하고 행하지도 못할 풍속을 전한다 하거늘
22. 무리가 일제히 일어나 고발하니 상관들이 옷을 찢어 벗기고 매로 치라 하여
23. 많이 친 후에 옥에 가두고 간수에게 명하여 든든히 지키라 하니

13. 안식일에 우리가 기도할 곳이 있을까 하여 문 밖 강가에 나가 거기 앉아 서 모인 여자들에게 말하는데
14. 두아디라 시에 있는 자색 옷감 장사로서 하나님을 섬기는 루디아라 하는 한 여자가 말을 듣고 있을 때 주께서 그 마음을 열어 바울의 말을 따르게 하신지라
15. 그와 그 집이 다 세례를 받고 우리에게 청하여 이르되 만일 나를 주 믿는 자로 알거든 내 집에 들어와 유하라 하고 강권하여 머물게 하니라
16. 우리가 기도하는 곳에 가다가 점치는 귀신 들린 여종 하나를 만나니 점으로 그 주인들에게 큰 이익을 주는 자라
17. 그가 바울과 우리를 따라와 소리 질러 이르되 이 사람들은 지극히 높은 하나님의 종으로서 구원의 길을 너희에게 전하는 자라 하며
18. 이같이 여러 날을 하는지라 바울이 심히 괴로워하여 돌이켜 그 귀신에게 이르되 예수 그리스도의 이름으로 내가 네게 명하노니 그에게서 나오라 하니 귀신이 즉시 나오니라
19. 여종의 주인들은 자기 수익의 소망이 끊어진 것을 보고 바울과 실라를 붙잡아 장터로 관리들에게 끌어 갔다가
20. 상관들 앞에 데리고 가서 말하되 이 사람들이 유대인인데 우리 성을 심히 요란하게 하여
21. 로마 사람인 우리가 받지도 못하고 행하지도 못할 풍속을 전한다 하거늘
22. 무리가 일제히 일어나 고발하니 상관들이 옷을 찢어 벗기고 매로 치라 하여
23. 많이 친 후에 옥에 가두고 간수에게 명하여 든든히 지키라 하니

24. 그가 이러한 명령을 받아 그들을 깊은 옥에 가두고 그 발을 차꼬에 든든히 채웠더니
25. 한밤중에 바울과 실라가 기도하고 하나님을 찬송하매 죄수들이 듣더라
26. 이에 갑자기 큰 지진이 나서 옥터가 움직이고 문이 곧 다 열리며 모든 사람의 매인 것이 다 벗어진지라
27. 간수가 자다가 깨어 옥문들이 열린 것을 보고 죄수들이 도망한 줄 생각하고 칼을 빼어 자결하려 하거늘
28. 바울이 크게 소리 질러 이르되 네 몸을 상하지 말라 우리가 다 여기 있노라 하니
29. 간수가 등불을 달라고 하며 뛰어 들어가 무서워 떨며 바울과 실라 앞에 엎드리고
30. 그들을 데리고 나가 이르되 선생들이여 내가 어떻게 하여야 구원을 받으리이까 하거늘
31. 이르되 주 예수를 믿으라 그리하면 너와 네 집이 구원을 받으리라 하고
32. 주의 말씀을 그 사람과 그 집에 있는 모든 사람에게 전하더라
33. 그 밤 그 시각에 간수가 그들을 데려다가 그 맞은 자리를 씻어 주고 자기와 그 온 가족이 다 세례를 받은 후
34. 그들을 데리고 자기 집에 올라가서 음식을 차려 주고 그와 온 집안이 하나님을 믿으므로 크게 기뻐하니라
35. 날이 새매 상관들이 부하를 보내어 이 사람들을 놓으라 하니
36. 간수가 그 말대로 바울에게 말하되 상관들이 사람을 보내어 너희를 놓으라 하였으니 이제는 나가서 평안히 가라 하거늘
37. 바울이 이르되 로마 사람인 우리를 죄도 정하지 아니하고 공중 앞에서 때리고

24. 그가 이러한 명령을 받아 그들을 깊은 옥에 가두고 그 발을 차꼬에 든든히 채웠더니
25. 한밤중에 바울과 실라가 기도하고 하나님을 찬송하매 죄수들이 듣더라
26. 이에 갑자기 큰 지진이 나서 옥터가 움직이고 문이 곧 다 열리며 모든 사람의 매인 것이 다 벗어진지라
27. 간수가 자다가 깨어 옥문들이 열린 것을 보고 죄수들이 도망한 줄 생각하고 칼을 빼어 자결하려 하거늘
28. 바울이 크게 소리 질러 이르되 네 몸을 상하지 말라 우리가 다 여기 있노라 하니
29. 간수가 등불을 달라고 하며 뛰어 들어가 무서워 떨며 바울과 실라 앞에 엎드리고
30. 그들을 데리고 나가 이르되 선생들이여 내가 어떻게 하여야 구원을 받으리이까 하거늘
31. 이르되 주 예수를 믿으라 그리하면 너와 네 집이 구원을 받으리라 하고
32. 주의 말씀을 그 사람과 그 집에 있는 모든 사람에게 전하더라
33. 그 밤 그 시각에 간수가 그들을 데려다가 그 맞은 자리를 씻어 주고 자기와 그 온 가족이 다 세례를 받은 후
34. 그들을 데리고 자기 집에 올라가서 음식을 차려 주고 그와 온 집안이 하나님을 믿으므로 크게 기뻐하니라
35. 날이 새매 상관들이 부하를 보내어 이 사람들을 놓으라 하니
36. 간수가 그 말대로 바울에게 말하되 상관들이 사람을 보내어 너희를 놓으라 하였으니 이제는 나가서 평안히 가라 하거늘
37. 바울이 이르되 로마 사람인 우리를 죄도 정하지 아니하고 공중 앞에서 때리고

옥에 가두었다가 이제는 가만히 내보내고자 하느냐 아니라 그들이 친히 와서 우리를 데리고 나가야 하리라 한대

38. 부하들이 이 말을 상관들에게 보고하니 그들이 로마 사람이라 하는 말을 듣고 두려워하여

39. 와서 권하여 데리고 나가 그 성에서 떠나기를 청하니

40. 두 사람이 옥에서 나와 루디아의 집에 들어가서 형제들을 만나 보고 위로하고 가니라

사도행전 17장

1. 그들이 암비볼리와 아볼로니아로 다녀가 데살로니가에 이르니 거기 유대인의 회당이 있는지라

2. 바울이 자기의 관례대로 그들에게로 들어가서 세 안식일에 성경을 가지고 강론하며

3. 뜻을 풀어 그리스도가 해를 받고 죽은 자 가운데서 다시 살아나야 할 것을 증언하고 이르되 내가 너희에게 전하는 이 예수가 곧 그리스도라 하니

4. 그 중의 어떤 사람 곧 경건한 헬라인의 큰 무리와 적지 않은 귀부인도 권함을 받고 바울과 실라를 따르나

5. 그러나 유대인들은 시기하여 저자의 어떤 불량한 사람들을 데리고 떼를 지어 성을 소동하게 하여 야손의 집에 침입하여 그들을 백성에게 끌어내려고 찾았으나

6. 발견하지 못하매 야손과 몇 형제들을 끌고 읍장들 앞에 가서 소리 질러

옥에 가두었다가 이제는 가만히 내보내고자 하느냐 아니라 그들이 친히 와서 우리를 데리고 나가야 하리라 한대

38. 부하들이 이 말을 상관들에게 보고하니 그들이 로마 사람이라 하는 말을 듣고 두려워하여

39. 와서 권하여 데리고 나가 그 성에서 떠나기를 청하니

40. 두 사람이 옥에서 나와 루디아의 집에 들어가서 형제들을 만나 보고 위로하고 가니라

사도행전 17장

1. 그들이 암비볼리와 아볼로니아로 다녀가 데살로니가에 이르니 거기 유대인의 회당이 있는지라

2. 바울이 자기의 관례대로 그들에게로 들어가서 세 안식일에 성경을 가지고 강론하며

3. 뜻을 풀어 그리스도가 해를 받고 죽은 자 가운데서 다시 살아나야 할 것을 증언하고 이르되 내가 너희에게 전하는 이 예수가 곧 그리스도라 하니

4. 그 중의 어떤 사람 곧 경건한 헬라인의 큰 무리와 적지 않은 귀부인도 권함을 받고 바울과 실라를 따르나

5. 그러나 유대인들은 시기하여 저자의 어떤 불량한 사람들을 데리고 떼를 지어 성을 소동하게 하여 야손의 집에 침입하여 그들을 백성에게 끌어내려고 찾았으나

6. 발견하지 못하매 야손과 몇 형제들을 끌고 읍장들 앞에 가서 소리 질러

이르되 천하를 어지럽게 하던 이 사람들이 여기도 이르매
7. 야손이 그들을 맞아 들였도다 이 사람들이 다 가이사의 명을 거역하여 말하되 다른 임금 곧 예수라 하는 이가 있다 하더이다 하니
8. 무리와 읍장들이 이 말을 듣고 소동하여
9. 야손과 그 나머지 사람들에게 보석금을 받고 놓아 주니라
10. 밤에 형제들이 곧 바울과 실라를 베뢰아로 보내니 그들이 이르러 유대인의 회당에 들어가니라
11. 베뢰아에 있는 사람들은 데살로니가에 있는 사람들보다 더 너그러워서 간절한 마음으로 말씀을 받고 이것이 그러한가 하여 날마다 성경을 상고하므로
12. 그 중에 믿는 사람이 많고 또 헬라의 귀부인과 남자가 적지 아니하나
13. 데살로니가에 있는 유대인들은 바울이 하나님의 말씀을 베뢰아에서도 전하는 줄을 알고 거기도 가서 무리를 움직여 소동하게 하거늘
14. 형제들이 곧 바울을 내보내어 바다까지 가게 하되 실라와 디모데는 아직 거기 머물더라
15. 바울을 인도하는 사람들이 그를 데리고 아덴까지 이르러 그에게서 실라와 디모데를 자기에게로 속히 오게 하라는 명령을 받고 떠나니라
16. 바울이 아덴에서 그들을 기다리다가 그 성에 우상이 가득한 것을 보고 마음에 격분하여
17. 회당에서는 유대인과 경건한 사람들과 또 장터에서는 날마다 만나는 사람들과 변론하니
18. 어떤 에피쿠로스와 스토아 철학자들도 바울과 쟁론할새 어떤 사람은 이르되 이 말쟁이가 무슨 말을 하고자 하느냐 하고 어떤 사람은 이르되 이방 신들을 전하

이르되 천하를 어지럽게 하던 이 사람들이 여기도 이르매
7. 야손이 그들을 맞아 들였도다 이 사람들이 다 가이사의 명을 거역하여 말하되 다른 임금 곧 예수라 하는 이가 있다 하더이다 하니
8. 무리와 읍장들이 이 말을 듣고 소동하여
9. 야손과 그 나머지 사람들에게 보석금을 받고 놓아 주니라
10. 밤에 형제들이 곧 바울과 실라를 베뢰아로 보내니 그들이 이르러 유대인의 회당에 들어가니라
11. 베뢰아에 있는 사람들은 데살로니가에 있는 사람들보다 더 너그러워서 간절한 마음으로 말씀을 받고 이것이 그러한가 하여 날마다 성경을 상고하므로
12. 그 중에 믿는 사람이 많고 또 헬라의 귀부인과 남자가 적지 아니하나
13. 데살로니가에 있는 유대인들은 바울이 하나님의 말씀을 베뢰아에서도 전하는 줄을 알고 거기도 가서 무리를 움직여 소동하게 하거늘
14. 형제들이 곧 바울을 내보내어 바다까지 가게 하되 실라와 디모데는 아직 거기 머물더라
15. 바울을 인도하는 사람들이 그를 데리고 아덴까지 이르러 그에게서 실라와 디모데를 자기에게로 속히 오게 하라는 명령을 받고 떠나니라
16. 바울이 아덴에서 그들을 기다리다가 그 성에 우상이 가득한 것을 보고 마음에 격분하여
17. 회당에서는 유대인과 경건한 사람들과 또 장터에서는 날마다 만나는 사람들과 변론하니
18. 어떤 에피쿠로스와 스토아 철학자들도 바울과 쟁론할새 어떤 사람은 이르되 이 말쟁이가 무슨 말을 하고자 하느냐 하고 어떤 사람은 이르되 이방 신들을 전하

는 사람인가보다 하니 이는 바울이 예수와 부활을 전하기 때문이러라
19. 그를 붙들어 아레오바고로 가며 말하기를 네가 말하는 이 새로운 가르침이 무엇인지 우리가 알 수 있겠느냐
20. 네가 어떤 이상한 것을 우리 귀에 들려 주니 그 무슨 뜻인지 알고자 하노라 하니
21. 모든 아덴 사람과 거기서 나그네 된 외국인들이 가장 새로운 것을 말하고 듣는 것 이외에는 달리 시간을 쓰지 않음이더라
22. 바울이 아레오바고 가운데 서서 말하되 아덴 사람들아 너희를 보니 범사에 종교심이 많도다
23. 내가 두루 다니며 너희가 위하는 것들을 보다가 알지 못하는 신에게라고 새긴 단도 보았으니 그런즉 너희가 알지 못하고 위하는 그것을 내가 너희에게 알게 하리라
24. 우주와 그 가운데 있는 만물을 지으신 하나님께서는 천지의 주재시니 손으로 지은 전에 계시지 아니하시고
25. 또 무엇이 부족한 것처럼 사람의 손으로 섬김을 받으시는 것이 아니니 이는 만민에게 생명과 호흡과 만물을 친히 주시는 이심이라
26. 인류의 모든 족속을 한 혈통으로 만드사 온 땅에 살게 하시고 그들의 연대를 정하시며 거주의 경계를 한정하셨으니
27. 이는 사람으로 혹 하나님을 더듬어 찾아 발견하게 하려 하심이로되 그는 우리 각 사람에게서 멀리 계시지 아니하도다
28. 우리가 그를 힘입어 살며 기동하며 존재하느니라 너희 시인 중 어떤 사람들의 말과 같이 우리가 그의 소생이라 하니

는 사람인가보다 하니 이는 바울이 예수와 부활을 전하기 때문이러라
19. 그를 붙들어 아레오바고로 가며 말하기를 네가 말하는 이 새로운 가르
침이 무엇인지 우리가 알 수 있겠느냐
20. 네가 어떤 이상한 것을 우리 귀에 들려 주니 그 무슨 뜻인지 알고자 하
노라 하니
21. 모든 아덴 사람과 거기서 나그네 된 외국인들이 가장 새로운 것을 말하
고 듣는 것 이외에는 달리 시간을 쓰지 않음이더라
22. 바울이 아레오바고 가운데 서서 말하되 아덴 사람들아 너희를 보니 범
사에 종교심이 많도다
23. 내가 두루 다니며 너희가 위하는 것들을 보다가 알지 못하는 신에게라
고 새긴 단도 보았으니 그런즉 너희가 알지 못하고 위하는 그것을 내가
너희에게 알게 하리라
24. 우주와 그 가운데 있는 만물을 지으신 하나님께서는 천지의 주재시니
손으로 지은 전에 계시지 아니하시고
25. 또 무엇이 부족한 것처럼 사람의 손으로 섬김을 받으시는 것이 아니니
이는 만민에게 생명과 호흡과 만물을 친히 주시는 이심이라
26. 인류의 모든 족속을 한 혈통으로 만드사 온 땅에 살게 하시고 그들의 연
대를 정하시며 거주의 경계를 한정하셨으니
27. 이는 사람으로 혹 하나님을 더듬어 찾아 발견하게 하려 하심이로되 그
는 우리 각 사람에게서 멀리 계시지 아니하도다
28. 우리가 그를 힘입어 살며 기동하며 존재하느니라 너희 시인 중 어떤 사
람들의 말과 같이 우리가 그의 소생이라 하니

29. 이와 같이 하나님의 소생이 되었은즉 하나님을 금이나 은이나 돌에다 사람의 기술과 고안으로 새긴 것들과 같이 여길 것이 아니니라
30. 알지 못하던 시대에는 하나님이 간과하셨거니와 이제는 어디든지 사람에게 다 명하사 회개하라 하셨으니
31. 이는 정하신 사람으로 하여금 천하를 공의로 심판할 날을 작정하시고 이에 그를 죽은 자 가운데서 다시 살리신 것으로 모든 사람에게 믿을 만한 증거를 주셨음이니라 하니라
32. 그들이 죽은 자의 부활을 듣고 어떤 사람은 조롱도 하고 어떤 사람은 이 일에 대하여 네 말을 다시 듣겠다 하니
33. 이에 바울이 그들 가운데서 떠나매
34. 몇 사람이 그를 가까이하여 믿으니 그 중에는 아레오바고 관리 디오누시오와 다마리라 하는 여자와 또 다른 사람들도 있었더라

사도행전 18장

1. 그 후에 바울이 아덴을 떠나 고린도에 이르러
2. 아굴라라 하는 본도에서 난 유대인 한 사람을 만나니 글라우디오가 모든 유대인을 명하여 로마에서 떠나라 한 고로 그가 그 아내 브리스길라와 함께 이달리야로부터 새로 온지라 바울이 그들에게 가매
3. 생업이 같으므로 함께 살며 일을 하니 그 생업은 천막을 만드는 것이더라
4. 안식일마다 바울이 회당에서 강론하고 유대인과 헬라인을 권면하니라
5. 실라와 디모데가 마게도냐로부터 내려오매 바울이 하나님의 말씀에 붙잡혀 유대인들에게 예수는 그리스도라 밝히 증언하니

29. 이와 같이 하나님의 소생이 되었은즉 하나님을 금이나 은이나 돌에다 사람의 기술과 고안으로 새긴 것들과 같이 여길 것이 아니니라
30. 알지 못하던 시대에는 하나님이 간과하셨거니와 이제는 어디든지 사람에게 다 명하사 회개하라 하셨으니
31. 이는 정하신 사람으로 하여금 천하를 공의로 심판할 날을 작정하시고 이에 그를 죽은 자 가운데서 다시 살리신 것으로 모든 사람에게 믿을 만한 증거를 주셨음이니라 하니라
32. 그들이 죽은 자의 부활을 듣고 어떤 사람은 조롱도 하고 어떤 사람은 이 일에 대하여 네 말을 다시 듣겠다 하니
33. 이에 바울이 그들 가운데서 떠나매
34. 몇 사람이 그를 가까이하여 믿으니 그 중에는 아레오바고 관리 디오누시오와 다마리라 하는 여자와 또 다른 사람들도 있었더라

사도행전 18장

1. 그 후에 바울이 아덴을 떠나 고린도에 이르러
2. 아굴라라 하는 본도에서 난 유대인 한 사람을 만나니 글라우디오가 모든 유대인을 명하여 로마에서 떠나라 한 고로 그가 그 아내 브리스길라와 함께 이달리야로부터 새로 온지라 바울이 그들에게 가매
3. 생업이 같으므로 함께 살며 일을 하니 그 생업은 천막을 만드는 것이더라
4. 안식일마다 바울이 회당에서 강론하고 유대인과 헬라인을 권면하니라
5. 실라와 디모데가 마게도냐로부터 내려오매 바울이 하나님의 말씀에 붙잡혀 유대인들에게 예수는 그리스도라 밝히 증언하니

6. 그들이 대적하여 비방하거늘 바울이 옷을 털면서 이르되 너희 피가 너희 머리로 돌아갈 것이요 나는 깨끗하니라 이 후에는 이방인에게로 가리라 하고
7. 거기서 옮겨 하나님을 경외하는 디도 유스도라 하는 사람의 집에 들어가니 그 집은 회당 옆이라
8. 또 회당장 그리스보가 온 집안과 더불어 주를 믿으며 수많은 고린도 사람도 듣고 믿어 세례를 받더라
9. 밤에 주께서 환상 가운데 바울에게 말씀하시되 두려워하지 말며 침묵하지 말고 말하라
10. 내가 너와 함께 있으매 어떤 사람도 너를 대적하여 해롭게 할 자가 없을 것이니 이는 이 성중에 내 백성이 많음이라 하시더라
11. 일 년 육 개월을 머물며 그들 가운데서 하나님의 말씀을 가르치니라
12. 갈리오가 아가야 총독 되었을 때에 유대인이 일제히 일어나 바울을 대적하여 법정으로 데리고 가서
13. 말하되 이 사람이 율법을 어기면서 하나님을 경외하라고 사람들을 권한다 하거늘
14. 바울이 입을 열고자 할 때에 갈리오가 유대인들에게 이르되 너희 유대인들아 만일 이것이 무슨 부정한 일이나 불량한 행동이었으면 내가 너희 말을 들어 주는 것이 옳거니와
15. 만일 문제가 언어와 명칭과 너희 법에 관한 것이면 너희가 스스로 처리하라 나는 이러한 일에 재판장 되기를 원하지 아니하노라 하고
16. 그들을 법정에서 쫓아내니

6. 그들이 대적하여 비방하거늘 바울이 옷을 털면서 이르되 너희 피가 너희 머리로 돌아갈 것이요 나는 깨끗하니라 이 후에는 이방인에게로 가리라 하고
7. 거기서 옮겨 하나님을 경외하는 디도 유스도라 하는 사람의 집에 들어가니 그 집은 회당 옆이라
8. 또 회당장 그리스보가 온 집안과 더불어 주를 믿으며 수많은 고린도 사람도 듣고 믿어 세례를 받더라
9. 밤에 주께서 환상 가운데 바울에게 말씀하시되 두려워하지 말며 침묵하지 말고 말하라
10. 내가 너와 함께 있으매 어떤 사람도 너를 대적하여 해롭게 할 자가 없을 것이니 이는 이 성중에 내 백성이 많음이라 하시더라
11. 일 년 육 개월을 머물며 그들 가운데서 하나님의 말씀을 가르치니라
12. 갈리오가 아가야 총독 되었을 때에 유대인이 일제히 일어나 바울을 대적하여 법정으로 데리고 가서
13. 말하되 이 사람이 율법을 어기면서 하나님을 경외하라고 사람들을 권한다 하거늘
14. 바울이 입을 열고자 할 때에 갈리오가 유대인들에게 이르되 너희 유대인들아 만일 이것이 무슨 부정한 일이나 불량한 행동이었으면 내가 너희 말을 들어 주는 것이 옳거니와
15. 만일 문제가 언어와 명칭과 너희 법에 관한 것이면 너희가 스스로 처리하라 나는 이러한 일에 재판장 되기를 원하지 아니하노라 하고
16. 그들을 법정에서 쫓아내니

17. 모든 사람이 회당장 소스데네를 잡아 법정 앞에서 때리되 갈리오가 이 일을 상관하지 아니하니라
18. 바울은 더 여러 날 머물다가 형제들과 작별하고 배 타고 수리아로 떠나갈새 브리스길라와 아굴라도 함께 하더라 바울이 일찍이 서원이 있었으므로 겐그레아에서 머리를 깎았더라
19. 에베소에 와서 그들을 거기 머물게 하고 자기는 회당에 들어가서 유대인들과 변론하니
20. 여러 사람이 더 오래 있기를 청하되 허락하지 아니하고
21. 작별하여 이르되 만일 하나님의 뜻이면 너희에게 돌아오리라 하고 배를 타고 에베소를 떠나
22. 가이사랴에 상륙하여 올라가 교회의 안부를 물은 후에 안디옥으로 내려가서
23. 얼마 있다가 떠나 갈라디아와 브루기아 땅을 차례로 다니며 모든 제자를 굳건하게 하니라
24. 알렉산드리아에서 난 아볼로라 하는 유대인이 에베소에 이르니 이 사람은 언변이 좋고 성경에 능통한 자라
25. 그가 일찍이 주의 도를 배워 열심으로 예수에 관한 것을 자세히 말하며 가르치나 요한의 세례만 알 따름이라
26. 그가 회당에서 담대히 말하기 시작하거늘 브리스길라와 아굴라가 듣고 데려다가 하나님의 도를 더 정확하게 풀어 이르더라
27. 아볼로가 아가야로 건너가고자 함으로 형제들이 그를 격려하며 제자들에게 편지를 써 영접하라 하였더니 그가 가매 은혜로 말미암아 믿은 자들에게 많은 유익을 주니

17. 모든 사람이 회당장 소스데네를 잡아 법정 앞에서 때리되 갈리오가 이 일을 상관하지 아니하니라
18. 바울은 더 여러 날 머물다가 형제들과 작별하고 배 타고 수리아로 떠나갈새 브리스길라와 아굴라도 함께 하더라 바울이 일찍이 서원이 있었으므로 겐그레아에서 머리를 깎았더라
19. 에베소에 와서 그들을 거기 머물게 하고 자기는 회당에 들어가서 유대인들과 변론하니
20. 여러 사람이 더 오래 있기를 청하되 허락하지 아니하고
21. 작별하여 이르되 만일 하나님의 뜻이면 너희에게 돌아오리라 하고 배를 타고 에베소를 떠나
22. 가이사랴에 상륙하여 올라가 교회의 안부를 물은 후에 안디옥으로 내려가서
23. 얼마 있다가 떠나 갈라디아와 브루기아 땅을 차례로 다니며 모든 제자를 굳건하게 하니라
24. 알렉산드리아에서 난 아볼로라 하는 유대인이 에베소에 이르니 이 사람은 언변이 좋고 성경에 능통한 자라
25. 그가 일찍이 주의 도를 배워 열심으로 예수에 관한 것을 자세히 말하며 가르치나 요한의 세례만 알 따름이라
26. 그가 회당에서 담대히 말하기 시작하거늘 브리스길라와 아굴라가 듣고 데려다가 하나님의 도를 더 정확하게 풀어 이르더라
27. 아볼로가 아가야로 건너가고자 함으로 형제들이 그를 격려하며 제자들에게 편지를 써 영접하라 하였더니 그가 가매 은혜로 말미암아 믿은 자들에게 많은 유익을 주니

28. 이는 성경으로써 예수는 그리스도라고 증언하여 공중 앞에서 힘있게 유대인의 말을 이김이러라

사도행전 19장

1. 아볼로가 고린도에 있을 때에 바울이 윗지방으로 다녀 에베소에 와서 어떤 제자들을 만나
2. 이르되 너희가 믿을 때에 성령을 받았느냐 이르되 아니라 우리는 성령이 계심도 듣지 못하였노라
3. 바울이 이르되 그러면 너희가 무슨 세례를 받았느냐 대답하되 요한의 세례니라
4. 바울이 이르되 요한이 회개의 세례를 베풀며 백성에게 말하되 내 뒤에 오시는 이를 믿으라 하였으니 이는 곧 예수라 하거늘
5. 그들이 듣고 주 예수의 이름으로 세례를 받으니
6. 바울이 그들에게 안수하매 성령이 그들에게 임하시므로 방언도 하고 예언도 하니
7. 모두 열두 사람쯤 되니라
8. 바울이 회당에 들어가 석 달 동안 담대히 하나님 나라에 관하여 강론하며 권면하되
9. 어떤 사람들은 마음이 굳어 순종하지 않고 무리 앞에서 이 도를 비방하거늘 바울이 그들을 떠나 제자들을 따로 세우고 두란노 서원에서 날마다 강론하니라
10. 두 해 동안 이같이 하니 아시아에 사는 자는 유대인이나 헬라인이나 다

28. 이는 성경으로써 예수는 그리스도라고 증언하여 공중 앞에서 힘있게 유
대인의 말을 이김이러라

사도행전 19장

1. 아볼로가 고린도에 있을 때에 바울이 윗지방으로 다녀 에베소에 와서
어떤 제자들을 만나
2. 이르되 너희가 믿을 때에 성령을 받았느냐 이르되 아니라 우리는 성령
이 계심도 듣지 못하였노라
3. 바울이 이르되 그러면 너희가 무슨 세례를 받았느냐 대답하되 요한의
세례니라
4. 바울이 이르되 요한이 회개의 세례를 베풀며 백성에게 말하되 내 뒤에
오시는 이를 믿으라 하였으니 이는 곧 예수라 하거늘
5. 그들이 듣고 주 예수의 이름으로 세례를 받으니
6. 바울이 그들에게 안수하매 성령이 그들에게 임하시므로 방언도 하고 예
언도 하니
7. 모두 열두 사람쯤 되니라
8. 바울이 회당에 들어가 석 달 동안 담대히 하나님 나라에 관하여 강론하
며 권면하되
9. 어떤 사람들은 마음이 굳어 순종하지 않고 무리 앞에서 이 도를 비방하
거늘 바울이 그들을 떠나 제자들을 따로 세우고 두란노 서원에서 날마
다 강론하니라
10. 두 해 동안 이같이 하니 아시아에 사는 자는 유대인이나 헬라인이나 다

주의 말씀을 듣더라
11. 하나님이 바울의 손으로 놀라운 능력을 행하게 하시니
12. 심지어 사람들이 바울의 몸에서 손수건이나 앞치마를 가져다가 병든 사람에게 얹으면 그 병이 떠나고 악귀도 나가더라
13. 이에 돌아다니며 마술하는 어떤 유대인들이 시험삼아 악귀 들린 자들에게 주 예수의 이름을 불러 말하되 내가 바울이 전파하는 예수를 의지하여 너희에게 명하노라 하더라
14. 유대의 한 제사장 스게와의 일곱 아들도 이 일을 행하더니
15. 악귀가 대답하여 이르되 내가 예수도 알고 바울도 알거니와 너희는 누구냐 하며
16. 악귀 들린 사람이 그들에게 뛰어올라 눌러 이기니 그들이 상하여 벗은 몸으로 그 집에서 도망하는지라
17. 에베소에 사는 유대인과 헬라인들이 다 이 일을 알고 두려워하며 주 예수의 이름을 높이고
18. 믿은 사람들이 많이 와서 자복하여 행한 일을 알리며
19. 또 마술을 행하던 많은 사람이 그 책을 모아 가지고 와서 모든 사람 앞에서 불사르니 그 책 값을 계산한즉 은 오만이나 되더라
20. 이와 같이 주의 말씀이 힘이 있어 흥왕하여 세력을 얻으니라
21. 이 일이 있은 후에 바울이 마게도냐와 아가야를 거쳐 예루살렘에 가기로 작정하여 이르되 내가 거기 갔다가 후에 로마도 보아야 하리라 하고
22. 자기를 돕는 사람 중에서 디모데와 에라스도 두 사람을 마게도냐로 보내고 자기는 아시아에 얼마 동안 더 있으니라
23. 그 때쯤 되어 이 도로 말미암아 적지 않은 소동이 있었으니

주의 말씀을 듣더라
11. 하나님이 바울의 손으로 놀라운 능력을 행하게 하시니
12. 심지어 사람들이 바울의 몸에서 손수건이나 앞치마를 가져다가 병든 사람에게
얹으면 그 병이 떠나고 악귀도 나가더라
13. 이에 돌아다니며 마술하는 어떤 유대인들이 시험삼아 악귀 들린 자들에게 주
예수의 이름을 불러 말하되 내가 바울이 전파하는 예수를 의지하여 너희에게
명하노라 하더라
14. 유대의 한 제사장 스게와의 일곱 아들도 이 일을 행하더니
15. 악귀가 대답하여 이르되 내가 예수도 알고 바울도 알거니와 너희는 누구냐 하며
16. 악귀 들린 사람이 그들에게 뛰어올라 눌러 이기니 그들이 상하여 벗은 몸으로
그 집에서 도망하는지라
17. 에베소에 사는 유대인과 헬라인들이 다 이 일을 알고 두려워하며 주 예수의 이
름을 높이고
18. 믿은 사람들이 많이 와서 자복하여 행한 일을 알리며
19. 또 마술을 행하던 많은 사람이 그 책을 모아 가지고 와서 모든 사람 앞에서 불
사르니 그 책 값을 계산한즉 은 오만이나 되더라
20. 이와 같이 주의 말씀이 힘이 있어 흥왕하여 세력을 얻으니라
21. 이 일이 있은 후에 바울이 마게도냐와 아가야를 거쳐 예루살렘에 가기로 작정
하여 이르되 내가 거기 갔다가 후에 로마도 보아야 하리라 하고
22. 자기를 돕는 사람 중에서 디모데와 에라스도 두 사람을 마게도냐로 보내고 자
기는 아시아에 얼마 동안 더 있으니라
23. 그 때쯤 되어 이 도로 말미암아 적지 않은 소동이 있었으니

24. 즉 데메드리오라 하는 어떤 은장색이 은으로 아데미의 신상 모형을 만
들어 직공들에게 적지 않은 벌이를 하게 하더니
25. 그가 그 직공들과 그러한 영업하는 자들을 모아 이르되 여러분도 알거
니와 우리의 풍족한 생활이 이 생업에 있는데
26. 이 바울이 에베소뿐 아니라 거의 전 아시아를 통하여 수많은 사람을 권
유하여 말하되 사람의 손으로 만든 것들은 신이 아니라 하니 이는 그대
들도 보고 들은 것이라
27. 우리의 이 영업이 천하여질 위험이 있을 뿐 아니라 큰 여신 아데미의 신
전도 무시 당하게 되고 온 아시아와 천하가 위하는 그의 위엄도 떨어질
까 하노라 하더라
28. 그들이 이 말을 듣고 분노가 가득하여 외쳐 이르되 크다 에베소 사람의
아데미여 하니
29. 온 시내가 요란하여 바울과 같이 다니는 마게도냐 사람 가이오와 아리
스다고를 붙들어 일제히 연극장으로 달려 들어가는지라
30. 바울이 백성 가운데로 들어가고자 하나 제자들이 말리고
31. 또 아시아 관리 중에 바울의 친구된 어떤 이들이 그에게 통지하여 연극
장에 들어가지 말라 권하더라
32. 사람들이 외쳐 어떤 이는 이런 말을, 어떤 이는 저런 말을 하니 모인 무
리가 분란하여 태반이나 어찌하여 모였는지 알지 못하더라
33. 유대인들이 무리 가운데서 알렉산더를 권하여 앞으로 밀어내니 알렉산
더가 손짓하며 백성에게 변명하려 하나
34. 그들은 그가 유대인인 줄 알고 다 한 소리로 외쳐 이르되 크다 에베소

24. 즉 데메드리오라 하는 어떤 은장색이 은으로 아데미의 신상 모형을 만
들어 직공들에게 적지 않은 벌이를 하게 하더니
25. 그가 그 직공들과 그러한 영업하는 자들을 모아 이르되 여러분도 알거
니와 우리의 풍족한 생활이 이 생업에 있는데
26. 이 바울이 에베소뿐 아니라 거의 전 아시아를 통하여 수많은 사람을 권
유하여 말하되 사람의 손으로 만든 것들은 신이 아니라 하니 이는 그대
들도 보고 들은 것이라
27. 우리의 이 영업이 천하여질 위험이 있을 뿐 아니라 큰 여신 아데미의 신
전도 무시 당하게 되고 온 아시아와 천하가 위하는 그의 위엄도 떨어질
까 하노라 하더라
28. 그들이 이 말을 듣고 분노가 가득하여 외쳐 이르되 크다 에베소 사람의
아데미여 하니
29. 온 시내가 요란하여 바울과 같이 다니는 마게도냐 사람 가이오와 아리
스다고를 붙들어 일제히 연극장으로 달려 들어가는지라
30. 바울이 백성 가운데로 들어가고자 하나 제자들이 말리고
31. 또 아시아 관리 중에 바울의 친구된 어떤 이들이 그에게 통지하여 연극
장에 들어가지 말라 권하더라
32. 사람들이 외쳐 어떤 이는 이런 말을, 어떤 이는 저런 말을 하니 모인 무
리가 분란하여 태반이나 어찌하여 모였는지 알지 못하더라
33. 유대인들이 무리 가운데서 알렉산더를 권하여 앞으로 밀어내니 알렉산
더가 손짓하며 백성에게 변명하려 하나
34. 그들은 그가 유대인인 줄 알고 다 한 소리로 외쳐 이르되 크다 에베소

사람의 아데미여 하기를 두 시간이나 하더니
35. 서기장이 무리를 진정시키고 이르되 에베소 사람들아 에베소 시가 큰 아데미와 제우스에게서 내려온 우상의 신전지기가 된 줄을 누가 알지 못하겠느냐
36. 이 일이 그렇지 않다 할 수 없으니 너희가 가만히 있어서 무엇이든지 경솔히 아니하여야 하리라
37. 신전의 물건을 도둑질하지도 아니하였고 우리 여신을 비방하지도 아니한 이 사람들을 너희가 붙잡아 왔으니
38. 만일 데메드리오와 그와 함께 있는 직공들이 누구에게 고발할 것이 있으면 재판 날도 있고 총독들도 있으니 피차 고소할 것이요
39. 만일 그 외에 무엇을 원하면 정식으로 민회에서 결정할지라
40. 오늘 아무 까닭도 없는 이 일에 우리가 소요 사건으로 책망 받을 위험이 있고 우리는 이 불법 집회에 관하여 보고할 자료가 없다 하고
41. 이에 그 모임을 흩어지게 하니라

사도행전 20장

1. 소요가 그치매 바울은 제자들을 불러 권한 후에 작별하고 떠나 마게도냐로 가니라
2. 그 지방으로 다녀가며 여러 말로 제자들에게 권하고 헬라에 이르러
3. 거기 석 달 동안 있다가 배 타고 수리아로 가고자 할 그 때에 유대인들이 자기를 해하려고 공모하므로 마게도냐를 거쳐 돌아가기로 작정하니
4. 아시아까지 함께 가는 자는 베뢰아 사람 부로의 아들 소바더와 데살로니가 사람 아리스다고와 세군도와 더베 사람 가이오와 및 디모데와 아시아 사람 두기

사람의 아데미여 하기를 두 시간이나 하더니
35. 서기장이 무리를 진정시키고 이르되 에베소 사람들아 에베소 시가 큰 아데미와
제우스에게서 내려온 우상의 신전지기가 된 줄을 누가 알지 못하겠느냐
36. 이 일이 그렇지 않다 할 수 없으니 너희가 가만히 있어서 무엇이든지 경솔히 아
니하여야 하리라
37. 신전의 물건을 도둑질하지도 아니하였고 우리 여신을 비방하지도 아니한 이 사
람들을 너희가 붙잡아 왔으니
38. 만일 데메드리오와 그와 함께 있는 직공들이 누구에게 고발할 것이 있으면 재
판 날도 있고 총독들도 있으니 피차 고소할 것이요
39. 만일 그 외에 무엇을 원하면 정식으로 민회에서 결정할지라
40. 오늘 아무 까닭도 없는 이 일에 우리가 소요 사건으로 책망 받을 위험이 있고
우리는 이 불법 집회에 관하여 보고할 자료가 없다 하고
41. 이에 그 모임을 흩어지게 하니라

사도행전 20장

1. 소요가 그치매 바울은 제자들을 불러 권한 후에 작별하고 떠나 마게도냐로 가
니라
2. 그 지방으로 다녀가며 여러 말로 제자들에게 권하고 헬라에 이르러
3. 거기 석 달 동안 있다가 배 타고 수리아로 가고자 할 그 때에 유대인들이 자기
를 해하려고 공모하므로 마게도냐를 거쳐 돌아가기로 작정하니
4. 아시아까지 함께 가는 자는 베뢰아 사람 부로의 아들 소바더와 데살로니가 사
람 아리스다고와 세군도와 더베 사람 가이오와 및 디모데와 아시아 사람 두기

고와 드로비모라
5. 그들은 먼저 가서 드로아에서 우리를 기다리더라
6. 우리는 무교절 후에 빌립보에서 배로 떠나 닷새 만에 드로아에 있는 그들에게 가서 이레를 머무니라
7. 그 주간의 첫날에 우리가 떡을 떼려 하여 모였더니 바울이 이튿날 떠나고자 하여 그들에게 강론할새 말을 밤중까지 계속하매
8. 우리가 모인 윗다락에 등불을 많이 켰는데
9. 유두고라 하는 청년이 창에 걸터 앉아 있다가 깊이 졸더니 바울이 강론하기를 더 오래 하매 졸음을 이기지 못하여 삼 층에서 떨어지거늘 일으켜보니 죽었는지라
10. 바울이 내려가서 그 위에 엎드려 그 몸을 안고 말하되 떠들지 말라 생명이 그에게 있다 하고
11. 올라가 떡을 떼어 먹고 오랫동안 곧 날이 새기까지 이야기하고 떠나니라
12. 사람들이 살아난 청년을 데리고 가서 적지 않게 위로를 받았더라
13. 우리는 앞서 배를 타고 앗소에서 바울을 태우려고 그리로 가니 이는 바울이 걸어서 가고자 하여 그렇게 정하여 준 것이라
14. 바울이 앗소에서 우리를 만나니 우리가 배에 태우고 미둘레네로 가서
15. 거기서 떠나 이튿날 기오 앞에 오고 그 이튿날 사모에 들르고 또 그 다음 날 밀레도에 이르니라
16. 바울이 아시아에서 지체하지 않기 위하여 에베소를 지나 배 타고 가기로 작정하였으니 이는 될 수 있는 대로 오순절 안에 예루살렘에 이르려고 급히 감이러라

고와 드로비모라
5. 그들은 먼저 가서 드로아에서 우리를 기다리더라
6. 우리는 무교절 후에 빌립보에서 배로 떠나 닷새 만에 드로아에 있는 그들에게 가서 이레를 머무니라
7. 그 주간의 첫날에 우리가 떡을 떼려 하여 모였더니 바울이 이튿날 떠나고자 하여 그들에게 강론할새 말을 밤중까지 계속하매
8. 우리가 모인 윗다락에 등불을 많이 켰는데
9. 유두고라 하는 청년이 창에 걸터 앉아 있다가 깊이 졸더니 바울이 강론하기를 더 오래 하매 졸음을 이기지 못하여 삼 층에서 떨어지거늘 일으켜보니 죽었는지라
10. 바울이 내려가서 그 위에 엎드려 그 몸을 안고 말하되 떠들지 말라 생명이 그에게 있다 하고
11. 올라가 떡을 떼어 먹고 오랫동안 곧 날이 새기까지 이야기하고 떠나니라
12. 사람들이 살아난 청년을 데리고 가서 적지 않게 위로를 받았더라
13. 우리는 앞서 배를 타고 앗소에서 바울을 태우려고 그리로 가니 이는 바울이 걸어서 가고자 하여 그렇게 정하여 준 것이라
14. 바울이 앗소에서 우리를 만나니 우리가 배에 태우고 미둘레네로 가서
15. 거기서 떠나 이튿날 기오 앞에 오고 그 이튿날 사모에 들르고 또 그 다음 날 밀레도에 이르니라
16. 바울이 아시아에서 지체하지 않기 위하여 에베소를 지나 배 타고 가기로 작정하였으니 이는 될 수 있는 대로 오순절 안에 예루살렘에 이르려고 급히 감이러라

17. 바울이 밀레도에서 사람을 에베소로 보내어 교회 장로들을 청하니
18. 오매 그들에게 말하되 아시아에 들어온 첫날부터 지금까지 내가 항상 여러분 가운데서 어떻게 행하였는지를 여러분도 아는 바니
19. 곧 모든 겸손과 눈물이며 유대인의 간계로 말미암아 당한 시험을 참고 주를 섬긴 것과
20. 유익한 것은 무엇이든지 공중 앞에서나 각 집에서나 거리낌이 없이 여러분에게 전하여 가르치고
21. 유대인과 헬라인들에게 하나님께 대한 회개와 우리 주 예수 그리스도께 대한 믿음을 증언한 것이라
22. 보라 이제 나는 성령에 매여 예루살렘으로 가는데 거기서 무슨 일을 당할는지 알지 못하노라
23. 오직 성령이 각 성에서 내게 증언하여 결박과 환난이 나를 기다린다 하시나
24. 내가 달려갈 길과 주 예수께 받은 사명 곧 하나님의 은혜의 복음을 증언하는 일을 마치려 함에는 나의 생명조차 조금도 귀한 것으로 여기지 아니하노라
25. 보라 내가 여러분 중에 왕래하며 하나님의 나라를 전파하였으나 이제는 여러분이 다 내 얼굴을 다시 보지 못할 줄 아노라
26. 그러므로 오늘 여러분에게 증언하거니와 모든 사람의 피에 대하여 내가 깨끗하니
27. 이는 내가 꺼리지 않고 하나님의 뜻을 다 여러분에게 전하였음이라
28. 여러분은 자기를 위하여 또는 온 양 떼를 위하여 삼가라 성령이 그들 가운데 여러분을 감독자로 삼고 하나님이 자기 피로 사신 교회를 보살피게 하셨느니라
29. 내가 떠난 후에 사나운 이리가 여러분에게 들어와서 그 양 떼를 아끼지 아니

17. 바울이 밀레도에서 사람을 에베소로 보내어 교회 장로들을 청하니
18. 오매 그들에게 말하되 아시아에 들어온 첫날부터 지금까지 내가 항상 여러분
가운데서 어떻게 행하였는지를 여러분도 아는 바니
19. 곧 모든 겸손과 눈물이며 유대인의 간계로 말미암아 당한 시험을 참고 주를 섬
긴 것과
20. 유익한 것은 무엇이든지 공중 앞에서나 각 집에서나 거리낌이 없이 여러분에게
전하여 가르치고
21. 유대인과 헬라인들에게 하나님께 대한 회개와 우리 주 예수 그리스도께 대한
믿음을 증언한 것이라
22. 보라 이제 나는 성령에 매여 예루살렘으로 가는데 거기서 무슨 일을 당할는지
알지 못하노라
23. 오직 성령이 각 성에서 내게 증언하여 결박과 환난이 나를 기다린다 하시나
24. 내가 달려갈 길과 주 예수께 받은 사명 곧 하나님의 은혜의 복음을 증언하는 일
을 마치려 함에는 나의 생명조차 조금도 귀한 것으로 여기지 아니하노라
25. 보라 내가 여러분 중에 왕래하며 하나님의 나라를 전파하였으나 이제는 여러분
이 다 내 얼굴을 다시 보지 못할 줄 아노라
26. 그러므로 오늘 여러분에게 증언하거니와 모든 사람의 피에 대하여 내가 깨끗
하니
27. 이는 내가 꺼리지 않고 하나님의 뜻을 다 여러분에게 전하였음이라
28. 여러분은 자기를 위하여 또는 온 양 떼를 위하여 삼가라 성령이 그들 가운데 여
러분을 감독자로 삼고 하나님이 자기 피로 사신 교회를 보살피게 하셨느니라
29. 내가 떠난 후에 사나운 이리가 여러분에게 들어와서 그 양 떼를 아끼지 아니

하며
30. 또한 여러분 중에서도 제자들을 끌어 자기를 따르게 하려고 어그러진 말을 하는 사람들이 일어날 줄을 내가 아노라
31. 그러므로 여러분이 일깨어 내가 삼 년이나 밤낮 쉬지 않고 눈물로 각 사람을 훈계하던 것을 기억하라
32. 지금 내가 여러분을 주와 및 그 은혜의 말씀에 부탁하노니 그 말씀이 여러분을 능히 든든히 세우사 거룩하게 하심을 입은 모든 자 가운데 기업이 있게 하시리라
33. 내가 아무의 은이나 금이나 의복을 탐하지 아니하였고
34. 여러분이 아는 바와 같이 이 손으로 나와 내 동행들이 쓰는 것을 충당하여
35. 범사에 여러분에게 모본을 보여준 바와 같이 수고하여 약한 사람들을 돕고 또 주 예수께서 친히 말씀하신 바 주는 것이 받는 것보다 복이 있다 하심을 기억하여야 할지니라
36. 이 말을 한 후 무릎을 꿇고 그 모든 사람들과 함께 기도하니
37. 다 크게 울며 바울의 목을 안고 입을 맞추고
38. 다시 그 얼굴을 보지 못하리라 한 말로 말미암아 더욱 근심하고 배에까지 그를 전송하니라

사도행전 21장

1. 우리가 그들을 작별하고 배를 타고 바로 고스로 가서 이튿날 로도에 이르러 거기서부터 바다라로 가서

하며
30. 또한 여러분 중에서도 제자들을 끌어 자기를 따르게 하려고 어그러진 말을 하는 사람들이 일어날 줄을 내가 아노라
31. 그러므로 여러분이 일깨어 내가 삼 년이나 밤낮 쉬지 않고 눈물로 각 사람을 훈계하던 것을 기억하라
32. 지금 내가 여러분을 주와 및 그 은혜의 말씀에 부탁하노니 그 말씀이 여러분을 능히 든든히 세우사 거룩하게 하심을 입은 모든 자 가운데 기업이 있게 하시리라
33. 내가 아무의 은이나 금이나 의복을 탐하지 아니하였고
34. 여러분이 아는 바와 같이 이 손으로 나와 내 동행들이 쓰는 것을 충당하여
35. 범사에 여러분에게 모본을 보여준 바와 같이 수고하여 약한 사람들을 돕고 또 주 예수께서 친히 말씀하신 바 주는 것이 받는 것보다 복이 있다 하심을 기억하여야 할지니라
36. 이 말을 한 후 무릎을 꿇고 그 모든 사람들과 함께 기도하니
37. 다 크게 울며 바울의 목을 안고 입을 맞추고
38. 다시 그 얼굴을 보지 못하리라 한 말로 말미암아 더욱 근심하고 배에까지 그를 전송하니라

사도행전 21장

1. 우리가 그들을 작별하고 배를 타고 바로 고스로 가서 이튿날 로도에 이르러 거기서부터 바다라로 가서

2. 베니게로 건너가는 배를 만나서 타고 가다가
3. 구브로를 바라보고 이를 왼편에 두고 수리아로 항해하여 두로에서 상륙하니 거기서 배의 짐을 풀려 함이러라
4. 제자들을 찾아 거기서 이레를 머물더니 그 제자들이 성령의 감동으로 바울더러 예루살렘에 들어가지 말라 하더라
5. 이 여러 날을 지낸 후 우리가 떠나갈새 그들이 다 그 처자와 함께 성문 밖까지 전송하거늘 우리가 바닷가에서 무릎을 꿇어 기도하고
6. 서로 작별한 후 우리는 배에 오르고 그들은 집으로 돌아가니라
7. 두로를 떠나 항해를 다 마치고 돌레마이에 이르러 형제들에게 안부를 묻고 그들과 함께 하루를 있다가
8. 이튿날 떠나 가이사랴에 이르러 일곱 집사 중 하나인 전도자 빌립의 집에 들어가서 머무르니라
9. 그에게 딸 넷이 있으니 처녀로 예언하는 자라
10. 여러 날 머물러 있더니 아가보라 하는 한 선지자가 유대로부터 내려와
11. 우리에게 와서 바울의 띠를 가져다가 자기 수족을 잡아매고 말하기를 성령이 말씀하시되 예루살렘에서 유대인들이 이같이 이 띠 임자를 결박하여 이방인의 손에 넘겨 주리라 하거늘
12. 우리가 그 말을 듣고 그 곳 사람들과 더불어 바울에게 예루살렘으로 올라가지 말라 권하니
13. 바울이 대답하되 여러분이 어찌하여 울어 내 마음을 상하게 하느냐 나는 주 예수의 이름을 위하여 결박 당할 뿐 아니라 예루살렘에서 죽을 것도 각오하였노라 하니

2. 베니게로 건너가는 배를 만나서 타고 가다가
3. 구브로를 바라보고 이를 왼편에 두고 수리아로 항해하여 두로에서 상륙하니 거기서 배의 짐을 풀려 함이러라
4. 제자들을 찾아 거기서 이레를 머물더니 그 제자들이 성령의 감동으로 바울더러 예루살렘에 들어가지 말라 하더라
5. 이 여러 날을 지낸 후 우리가 떠나갈새 그들이 다 그 처자와 함께 성문 밖까지 전송하거늘 우리가 바닷가에서 무릎을 꿇어 기도하고
6. 서로 작별한 후 우리는 배에 오르고 그들은 집으로 돌아가니라
7. 두로를 떠나 항해를 다 마치고 돌레마이에 이르러 형제들에게 안부를 묻고 그들과 함께 하루를 있다가
8. 이튿날 떠나 가이사랴에 이르러 일곱 집사 중 하나인 전도자 빌립의 집에 들어가서 머무르니라
9. 그에게 딸 넷이 있으니 처녀로 예언하는 자라
10. 여러 날 머물러 있더니 아가보라 하는 한 선지자가 유대로부터 내려와
11. 우리에게 와서 바울의 띠를 가져다가 자기 수족을 잡아매고 말하기를 성령이 말씀하시되 예루살렘에서 유대인들이 이같이 이 띠 임자를 결박하여 이방인의 손에 넘겨 주리라 하거늘
12. 우리가 그 말을 듣고 그 곳 사람들과 더불어 바울에게 예루살렘으로 올라가지 말라 권하니
13. 바울이 대답하되 여러분이 어찌하여 울어 내 마음을 상하게 하느냐 나는 주 예수의 이름을 위하여 결박 당할 뿐 아니라 예루살렘에서 죽을 것도 각오하였노라 하니

14. 그가 권함을 받지 아니하므로 우리가 주의 뜻대로 이루어지이다 하고
그쳤노라
15. 이 여러 날 후에 여장을 꾸려 예루살렘으로 올라갈새
16. 가이사랴의 몇 제자가 함께 가며 한 오랜 제자 구브로 사람 나손을 데리
고 가니 이는 우리가 그의 집에 머물려 함이라
17. 예루살렘에 이르니 형제들이 우리를 기꺼이 영접하거늘
18. 그 이튿날 바울이 우리와 함께 야고보에게로 들어가니 장로들도 다 있
더라
19. 바울이 문안하고 하나님이 자기의 사역으로 말미암아 이방 가운데서 하
신 일을 낱낱이 말하니
20. 그들이 듣고 하나님께 영광을 돌리고 바울더러 이르되 형제여 그대도
보는 바에 유대인 중에 믿는 자 수만 명이 있으니 다 율법에 열성을 가
진 자라
21. 네가 이방에 있는 모든 유대인을 가르치되 모세를 배반하고 아들들에게
할례를 행하지 말고 또 관습을 지키지 말라 한다 함을 그들이 들었도다
22. 그러면 어찌할꼬 그들이 필연 그대가 온 것을 들으리니
23. 우리가 말하는 이대로 하라 서원한 네 사람이 우리에게 있으니
24. 그들을 데리고 함께 결례를 행하고 그들을 위하여 비용을 내어 머리를
깎게 하라 그러면 모든 사람이 그대에 대하여 들은 것이 사실이 아니고
그대도 율법을 지켜 행하는 줄로 알 것이라
25. 주를 믿는 이방인에게는 우리가 우상의 제물과 피와 목매어 죽인 것과
음행을 피할 것을 결의하고 편지하였느니라 하니

14. 그가 권함을 받지 아니하므로 우리가 주의 뜻대로 이루어지이다 하고
그쳤노라
15. 이 여러 날 후에 여장을 꾸려 예루살렘으로 올라갈새
16. 가이사랴의 몇 제자가 함께 가며 한 오랜 제자 구브로 사람 나손을 데리
고 가니 이는 우리가 그의 집에 머물려 함이라
17. 예루살렘에 이르니 형제들이 우리를 기꺼이 영접하거늘
18. 그 이튿날 바울이 우리와 함께 야고보에게로 들어가니 장로들도 다 있
더라
19. 바울이 문안하고 하나님이 자기의 사역으로 말미암아 이방 가운데서 하
신 일을 낱낱이 말하니
20. 그들이 듣고 하나님께 영광을 돌리고 바울더러 이르되 형제여 그대도
보는 바에 유대인 중에 믿는 자 수만 명이 있으니 다 율법에 열성을 가
진 자라
21. 네가 이방에 있는 모든 유대인을 가르치되 모세를 배반하고 아들들에게
할례를 행하지 말고 또 관습을 지키지 말라 한다 함을 그들이 들었도다
22. 그러면 어찌할꼬 그들이 필연 그대가 온 것을 들으리니
23. 우리가 말하는 이대로 하라 서원한 네 사람이 우리에게 있으니
24. 그들을 데리고 함께 결례를 행하고 그들을 위하여 비용을 내어 머리를
깎게 하라 그러면 모든 사람이 그대에 대하여 들은 것이 사실이 아니고
그대도 율법을 지켜 행하는 줄로 알 것이라
25. 주를 믿는 이방인에게는 우리가 우상의 제물과 피와 목매어 죽인 것과
음행을 피할 것을 결의하고 편지하였느니라 하니

26. 바울이 이 사람들을 데리고 이튿날 그들과 함께 결례를 행하고 성전에 들어가서 각 사람을 위하여 제사 드릴 때까지의 결례 기간이 만기된 것을 신고하니라
27. 그 이레가 거의 차매 아시아로부터 온 유대인들이 성전에서 바울을 보고 모든 무리를 충동하여 그를 붙들고
28. 외치되 이스라엘 사람들아 도우라 이 사람은 각처에서 우리 백성과 율법과 이 곳을 비방하여 모든 사람을 가르치는 그 자인데 또 헬라인을 데리고 성전에 들어가서 이 거룩한 곳을 더럽혔다 하니
29. 이는 그들이 전에 에베소 사람 드로비모가 바울과 함께 시내에 있음을 보고 바울이 그를 성전에 데리고 들어간 줄로 생각함이러라
30. 온 성이 소동하여 백성이 달려와 모여 바울을 잡아 성전 밖으로 끌고 나가니 문들이 곧 닫히더라
31. 그들이 그를 죽이려 할 때에 온 예루살렘이 요란하다는 소문이 군대의 천부장에게 들리매
32. 그가 급히 군인들과 백부장들을 거느리고 달려 내려가니 그들이 천부장과 군인들을 보고 바울 치기를 그치는지라
33. 이에 천부장이 가까이 가서 바울을 잡아 두 쇠사슬로 결박하라 명하고 그가 누구이며 그가 무슨 일을 하였느냐 물으니
34. 무리 가운데서 어떤 이는 이런 말로, 어떤 이는 저런 말로 소리 치거늘 천부장이 소동으로 말미암아 진상을 알 수 없어 그를 영내로 데려가라 명하니라
35. 바울이 층대에 이를 때에 무리의 폭행으로 말미암아 군사들에게 들려가니
36. 이는 백성의 무리가 그를 없이하자고 외치며 따라 감이러라
37. 바울을 데리고 영내로 들어가려 할 그 때에 바울이 천부장에게 이르되 내가 당

26. 바울이 이 사람들을 데리고 이튿날 그들과 함께 결례를 행하고 성전에 들어가
서 각 사람을 위하여 제사 드릴 때까지의 결례 기간이 만기된 것을 신고하니라
27. 그 이레가 거의 차매 아시아로부터 온 유대인들이 성전에서 바울을 보고 모든
무리를 충동하여 그를 붙들고
28. 외치되 이스라엘 사람들아 도우라 이 사람은 각처에서 우리 백성과 율법과 이
곳을 비방하여 모든 사람을 가르치는 그 자인데 또 헬라인을 데리고 성전에 들
어가서 이 거룩한 곳을 더럽혔다 하니
29. 이는 그들이 전에 에베소 사람 드로비모가 바울과 함께 시내에 있음을 보고 바
울이 그를 성전에 데리고 들어간 줄로 생각함이러라
30. 온 성이 소동하여 백성이 달려와 모여 바울을 잡아 성전 밖으로 끌고 나가니 문
들이 곧 닫히더라
31. 그들이 그를 죽이려 할 때에 온 예루살렘이 요란하다는 소문이 군대의 천부장
에게 들리매
32. 그가 급히 군인들과 백부장들을 거느리고 달려 내려가니 그들이 천부장과 군인
들을 보고 바울 치기를 그치는지라
33. 이에 천부장이 가까이 가서 바울을 잡아 두 쇠사슬로 결박하라 명하고 그가 누
구이며 그가 무슨 일을 하였느냐 물으니
34. 무리 가운데서 어떤 이는 이런 말로, 어떤 이는 저런 말로 소리 치거늘 천부장
이 소동으로 말미암아 진상을 알 수 없어 그를 영내로 데려가라 명하니라
35. 바울이 층대에 이를 때에 무리의 폭행으로 말미암아 군사들에게 들려가니
36. 이는 백성의 무리가 그를 없이하자고 외치며 따라 감이러라
37. 바울을 데리고 영내로 들어가려 할 그 때에 바울이 천부장에게 이르되 내가 당

신에게 말할 수 있느냐 이르되 네가 헬라 말을 아느냐
38. 그러면 네가 이전에 소요를 일으켜 자객 사천 명을 거느리고 광야로 가던 애굽인이 아니냐
39. 바울이 이르되 나는 유대인이라 소읍이 아닌 길리기아 다소 시의 시민이니 청컨대 백성에게 말하기를 허락하라 하니
40. 천부장이 허락하거늘 바울이 층대 위에 서서 백성에게 손짓하여 매우 조용히 한 후에 히브리 말로 말하니라

사도행전 22장
1. 부형들아 내가 지금 여러분 앞에서 변명하는 말을 들으라
2. 그들이 그가 히브리 말로 말함을 듣고 더욱 조용한지라 이어 이르되
3. 나는 유대인으로 길리기아 다소에서 났고 이 성에서 자라 가말리엘의 문하에서 우리 조상들의 율법의 엄한 교훈을 받았고 오늘 너희 모든 사람처럼 하나님께 대하여 열심이 있는 자라
4. 내가 이 도를 박해하여 사람을 죽이기까지 하고 남녀를 결박하여 옥에 넘겼노니
5. 이에 대제사장과 모든 장로들이 내 증인이라 또 내가 그들에게서 다메섹 형제들에게 가는 공문을 받아 가지고 거기 있는 자들도 결박하여 예루살렘으로 끌어다가 형벌 받게 하려고 가더니
6. 가는 중 다메섹에 가까이 갔을 때에 오정쯤 되어 홀연히 하늘로부터 큰 빛이 나를 둘러 비치매
7. 내가 땅에 엎드러져 들으니 소리 있어 이르되 사울아 사울아 네가 왜 나

신에게 말할 수 있느냐 이르되 네가 헬라 말을 아느냐
38. 그러면 네가 이전에 소요를 일으켜 자객 사천 명을 거느리고 광야로 가
던 애굽인이 아니냐
39. 바울이 이르되 나는 유대인이라 소읍이 아닌 길리기아 다소 시의 시민
이니 청컨대 백성에게 말하기를 허락하라 하니
40. 천부장이 허락하거늘 바울이 층대 위에 서서 백성에게 손짓하여 매우
조용히 한 후에 히브리 말로 말하니라

사도행전 22장

1. 부형들아 내가 지금 여러분 앞에서 변명하는 말을 들으라
2. 그들이 그가 히브리 말로 말함을 듣고 더욱 조용한지라 이어 이르되
3. 나는 유대인으로 길리기아 다소에서 났고 이 성에서 자라 가말리엘의
문하에서 우리 조상들의 율법의 엄한 교훈을 받았고 오늘 너희 모든 사
람처럼 하나님께 대하여 열심이 있는 자라
4. 내가 이 도를 박해하여 사람을 죽이기까지 하고 남녀를 결박하여 옥에
넘겼노니
5. 이에 대제사장과 모든 장로들이 내 증인이라 또 내가 그들에게서 다메
섹 형제들에게 가는 공문을 받아 가지고 거기 있는 자들도 결박하여 예
루살렘으로 끌어다가 형벌 받게 하려고 가더니
6. 가는 중 다메섹에 가까이 갔을 때에 오정쯤 되어 홀연히 하늘로부터 큰
빛이 나를 둘러 비치매
7. 내가 땅에 엎드러져 들으니 소리 있어 이르되 사울아 사울아 네가 왜 나

를 박해하느냐 하시거늘
8. 내가 대답하되 주님 누구시니이까 하니 이르시되 나는 네가 박해하는 나사렛 예수라 하시더라
9. 나와 함께 있는 사람들이 빛은 보면서도 나에게 말씀하시는 이의 소리는 듣지 못하더라
10. 내가 이르되 주님 무엇을 하리이까 주께서 이르시되 일어나 다메섹으로 들어가라 네가 해야 할 모든 것을 거기서 누가 이르리라 하시거늘
11. 나는 그 빛의 광채로 말미암아 볼 수 없게 되었으므로 나와 함께 있는 사람들의 손에 끌려 다메섹에 들어갔노라
12. 율법에 따라 경건한 사람으로 거기 사는 모든 유대인들에게 칭찬을 듣는 아나니아라 하는 이가
13. 내게 와 곁에 서서 말하되 형제 사울아 다시 보라 하거늘 즉시 그를 쳐다보았노라
14. 그가 또 이르되 우리 조상들의 하나님이 너를 택하여 너로 하여금 자기 뜻을 알게 하시며 그 의인을 보게 하시고 그 입에서 나오는 음성을 듣게 하셨으니
15. 네가 그를 위하여 모든 사람 앞에서 네가 보고 들은 것에 증인이 되리라
16. 이제는 왜 주저하느냐 일어나 주의 이름을 불러 세례를 받고 너의 죄를 씻으라 하더라
17. 후에 내가 예루살렘으로 돌아와서 성전에서 기도할 때에 황홀한 중에
18. 보매 주께서 내게 말씀하시되 속히 예루살렘에서 나가라 그들은 네가 내게 대하여 증언하는 말을 듣지 아니하리라 하시거늘
19. 내가 말하기를 주님 내가 주를 믿는 사람들을 가두고 또 각 회당에서 때리고

를 박해하느냐 하시거늘
8. 내가 대답하되 주님 누구시니이까 하니 이르시되 나는 네가 박해하는 나사렛 예수라 하시더라
9. 나와 함께 있는 사람들이 빛은 보면서도 나에게 말씀하시는 이의 소리는 듣지 못하더라
10. 내가 이르되 주님 무엇을 하리이까 주께서 이르시되 일어나 다메섹으로 들어가라 네가 해야 할 모든 것을 거기서 누가 이르리라 하시거늘
11. 나는 그 빛의 광채로 말미암아 볼 수 없게 되었으므로 나와 함께 있는 사람들의 손에 끌려 다메섹에 들어갔노라
12. 율법에 따라 경건한 사람으로 거기 사는 모든 유대인들에게 칭찬을 듣는 아나니아라 하는 이가
13. 내게 와 곁에 서서 말하되 형제 사울아 다시 보라 하거늘 즉시 그를 쳐다보았노라
14. 그가 또 이르되 우리 조상들의 하나님이 너를 택하여 너로 하여금 자기 뜻을 알게 하시며 그 의인을 보게 하시고 그 입에서 나오는 음성을 듣게 하셨으니
15. 네가 그를 위하여 모든 사람 앞에서 네가 보고 들은 것에 증인이 되리라
16. 이제는 왜 주저하느냐 일어나 주의 이름을 불러 세례를 받고 너의 죄를 씻으라 하더라
17. 후에 내가 예루살렘으로 돌아와서 성전에서 기도할 때에 황홀한 중에
18. 보매 주께서 내게 말씀하시되 속히 예루살렘에서 나가라 그들은 네가 내게 대하여 증언하는 말을 듣지 아니하리라 하시거늘
19. 내가 말하기를 주님 내가 주를 믿는 사람들을 가두고 또 각 회당에서 때리고

20. 또 주의 증인 스데반이 피를 흘릴 때에 내가 곁에 서서 찬성하고 그 죽이는 사람들의 옷을 지킨 줄 그들도 아나이다
21. 나더러 또 이르시되 떠나가라 내가 너를 멀리 이방인에게로 보내리라 하셨느니라
22. 이 말하는 것까지 그들이 듣다가 소리 질러 이르되 이러한 자는 세상에서 없애 버리자 살려 둘 자가 아니라 하여
23. 떠들며 옷을 벗어 던지고 티끌을 공중에 날리니
24. 천부장이 바울을 영내로 데려가라 명하고 그들이 무슨 일로 그에 대하여 떠드는지 알고자 하여 채찍질하며 심문하라 한대
25. 가죽 줄로 바울을 매니 바울이 곁에 서 있는 백부장더러 이르되 너희가 로마 시민 된 자를 죄도 정하지 아니하고 채찍질할 수 있느냐 하니
26. 백부장이 듣고 가서 천부장에게 전하여 이르되 어찌하려 하느냐 이는 로마 시민이라 하니
27. 천부장이 와서 바울에게 말하되 네가 로마 시민이냐 내게 말하라 이르되 그러하다
28. 천부장이 대답하되 나는 돈을 많이 들여 이 시민권을 얻었노라 바울이 이르되 나는 나면서부터라 하니
29. 심문하려던 사람들이 곧 그에게서 물러가고 천부장도 그가 로마 시민인 줄 알고 또 그 결박한 것 때문에 두려워하니라
30. 이튿날 천부장은 유대인들이 무슨 일로 그를 고발하는지 진상을 알고자 하여 그 결박을 풀고 명하여 제사장들과 온 공회를 모으고 바울을 데리고 내려가서 그들 앞에 세우니라

20. 또 주의 증인 스데반이 피를 흘릴 때에 내가 곁에 서서 찬성하고 그 죽
이는 사람들의 옷을 지킨 줄 그들도 아나이다
21. 나더러 또 이르시되 떠나가라 내가 너를 멀리 이방인에게로 보내리라
하셨느니라
22. 이 말하는 것까지 그들이 듣다가 소리 질러 이르되 이러한 자는 세상에
서 없애 버리자 살려 둘 자가 아니라 하여
23. 떠들며 옷을 벗어 던지고 티끌을 공중에 날리니
24. 천부장이 바울을 영내로 데려가라 명하고 그들이 무슨 일로 그에 대하
여 떠드는지 알고자 하여 채찍질하며 심문하라 한대
25. 가죽 줄로 바울을 매니 바울이 곁에 서 있는 백부장더러 이르되 너희가
로마 시민 된 자를 죄도 정하지 아니하고 채찍질할 수 있느냐 하니
26. 백부장이 듣고 가서 천부장에게 전하여 이르되 어찌하려 하느냐 이는
로마 시민이라 하니
27. 천부장이 와서 바울에게 말하되 네가 로마 시민이냐 내게 말하라 이르
되 그러하다
28. 천부장이 대답하되 나는 돈을 많이 들여 이 시민권을 얻었노라 바울이
이르되 나는 나면서부터라 하니
29. 심문하려던 사람들이 곧 그에게서 물러가고 천부장도 그가 로마 시민인
줄 알고 또 그 결박한 것 때문에 두려워하니라
30. 이튿날 천부장은 유대인들이 무슨 일로 그를 고발하는지 진상을 알고자
하여 그 결박을 풀고 명하여 제사장들과 온 공회를 모으고 바울을 데리
고 내려가서 그들 앞에 세우니라

사도행전 23장

1. 바울이 공회를 주목하여 이르되 여러분 형제들아 오늘까지 나는 범사에 양심을 따라 하나님을 섬겼노라 하거늘
2. 대제사장 아나니아가 바울 곁에 서 있는 사람들에게 그 입을 치라 명하니
3. 바울이 이르되 회칠한 담이여 하나님이 너를 치시리로다 네가 나를 율법대로 심판한다고 앉아서 율법을 어기고 나를 치라 하느냐 하니
4. 곁에 선 사람들이 말하되 하나님의 대제사장을 네가 욕하느냐
5. 바울이 이르되 형제들아 나는 그가 대제사장인 줄 알지 못하였노라 기록하였으되 너의 백성의 관리를 비방하지 말라 하였느니라 하더라
6. 바울이 그 중 일부는 사두개인이요 다른 일부는 바리새인인 줄 알고 공회에서 외쳐 이르되 여러분 형제들아 나는 바리새인이요 또 바리새인의 아들이라 죽은 자의 소망 곧 부활로 말미암아 내가 심문을 받노라
7. 그 말을 한즉 바리새인과 사두개인 사이에 다툼이 생겨 무리가 나누어지니
8. 이는 사두개인은 부활도 없고 천사도 없고 영도 없다 하고 바리새인은 다 있다 함이라
9. 크게 떠들새 바리새인 편에서 몇 서기관이 일어나 다투어 이르되 우리가 이 사람을 보니 악한 것이 없도다 혹 영이나 혹 천사가 그에게 말하였으면 어찌 하겠느냐 하여
10. 큰 분쟁이 생기니 천부장은 바울이 그들에게 찢겨질까 하여 군인을 명하여 내려가 무리 가운데서 빼앗아 가지고 영내로 들어가라 하니라
11. 그 날 밤에 주께서 바울 곁에 서서 이르시되 담대하라 네가 예루살렘에서 나의 일을 증언한 것 같이 로마에서도 증언하여야 하리라 하시니라

사도행전 23장

1. 바울이 공회를 주목하여 이르되 여러분 형제들아 오늘까지 나는 범사에 양심을 따라 하나님을 섬겼노라 하거늘
2. 대제사장 아나니아가 바울 곁에 서 있는 사람들에게 그 입을 치라 명하니
3. 바울이 이르되 회칠한 담이여 하나님이 너를 치시리로다 네가 나를 율법대로 심판한다고 앉아서 율법을 어기고 나를 치라 하느냐 하니
4. 곁에 선 사람들이 말하되 하나님의 대제사장을 네가 욕하느냐
5. 바울이 이르되 형제들아 나는 그가 대제사장인 줄 알지 못하였노라 기록하였으되 너의 백성의 관리를 비방하지 말라 하였느니라 하더라
6. 바울이 그 중 일부는 사두개인이요 다른 일부는 바리새인인 줄 알고 공회에서 외쳐 이르되 여러분 형제들아 나는 바리새인이요 또 바리새인의 아들이라 죽은 자의 소망 곧 부활로 말미암아 내가 심문을 받노라
7. 그 말을 한즉 바리새인과 사두개인 사이에 다툼이 생겨 무리가 나누어지니
8. 이는 사두개인은 부활도 없고 천사도 없고 영도 없다 하고 바리새인은 다 있다 함이라
9. 크게 떠들새 바리새인 편에서 몇 서기관이 일어나 다투어 이르되 우리가 이 사람을 보니 악한 것이 없도다 혹 영이나 혹 천사가 그에게 말하였으면 어찌 하겠느냐 하여
10. 큰 분쟁이 생기니 천부장은 바울이 그들에게 찢겨질까 하여 군인을 명하여 내려가 무리 가운데서 빼앗아 가지고 영내로 들어가라 하니라
11. 그 날 밤에 주께서 바울 곁에 서서 이르시되 담대하라 네가 예루살렘에서 나의 일을 증언한 것 같이 로마에서도 증언하여야 하리라 하시니라

12. 날이 새매 유대인들이 당을 지어 맹세하되 바울을 죽이기 전에는 먹지도 아니하고 마시지도 아니하겠다 하고
13. 이같이 동맹한 자가 사십여 명이더라
14. 대제사장들과 장로들에게 가서 말하되 우리가 바울을 죽이기 전에는 아무 것도 먹지 않기로 굳게 맹세하였으니
15. 이제 너희는 그의 사실을 더 자세히 물어보려는 척하면서 공회와 함께 천부장에게 청하여 바울을 너희에게로 데리고 내려오게 하라 우리는 그가 가까이 오기 전에 죽이기로 준비하였노라 하더니
16. 바울의 생질이 그들이 매복하여 있다 함을 듣고 와서 영내에 들어가 바울에게 알린지라
17. 바울이 한 백부장을 청하여 이르되 이 청년을 천부장에게로 인도하라 그에게 무슨 할 말이 있다 하니
18. 천부장에게로 데리고 가서 이르되 죄수 바울이 나를 불러 이 청년이 당신께 할 말이 있다 하여 데리고 가기를 청하더이다 하매
19. 천부장이 그의 손을 잡고 물러가서 조용히 묻되 내게 할 말이 무엇이냐
20. 대답하되 유대인들이 공모하기를 그들이 바울에 대하여 더 자세한 것을 묻기 위함이라 하고 내일 그를 데리고 공회로 내려오기를 당신께 청하자 하였으니
21. 당신은 그들의 청함을 따르지 마옵소서 그들 중에서 바울을 죽이기 전에는 먹지도 않고 마시지도 않기로 맹세한 자 사십여 명이 그를 죽이려고 숨어서 지금 다 준비하고 당신의 허락만 기다리나이다 하니
22. 이에 천부장이 청년을 보내며 경계하되 이 일을 내게 알렸다고 아무에

12. 날이 새매 유대인들이 당을 지어 맹세하되 바울을 죽이기 전에는 먹지도 아니하고 마시지도 아니하겠다 하고
13. 이같이 동맹한 자가 사십여 명이더라
14. 대제사장들과 장로들에게 가서 말하되 우리가 바울을 죽이기 전에는 아무 것도 먹지 않기로 굳게 맹세하였으니
15. 이제 너희는 그의 사실을 더 자세히 물어보려는 척하면서 공회와 함께 천부장에게 청하여 바울을 너희에게로 데리고 내려오게 하라 우리는 그가 가까이 오기 전에 죽이기로 준비하였노라 하더니
16. 바울의 생질이 그들이 매복하여 있다 함을 듣고 와서 영내에 들어가 바울에게 알린지라
17. 바울이 한 백부장을 청하여 이르되 이 청년을 천부장에게로 인도하라 그에게 무슨 할 말이 있다 하니
18. 천부장에게로 데리고 가서 이르되 죄수 바울이 나를 불러 이 청년이 당신께 할 말이 있다 하여 데리고 가기를 청하더이다 하매
19. 천부장이 그의 손을 잡고 물러가서 조용히 묻되 내게 할 말이 무엇이냐
20. 대답하되 유대인들이 공모하기를 그들이 바울에 대하여 더 자세한 것을 묻기 위함이라 하고 내일 그를 데리고 공회로 내려오기를 당신께 청하자 하였으니
21. 당신은 그들의 청함을 따르지 마옵소서 그들 중에서 바울을 죽이기 전에는 먹지도 않고 마시지도 않기로 맹세한 자 사십여 명이 그를 죽이려고 숨어서 지금 다 준비하고 당신의 허락만 기다리나이다 하니
22. 이에 천부장이 청년을 보내며 경계하되 이 일을 내게 알렸다고 아무에

게도 이르지 말라 하고
23. 백부장 둘을 불러 이르되 밤 제 삼 시에 가이사랴까지 갈 보병 이백 명과 기병 칠십 명과 창병 이백 명을 준비하라 하고
24. 또 바울을 태워 총독 벨릭스에게로 무사히 보내기 위하여 짐승을 준비하라 명하며
25. 또 이 아래와 같이 편지하니 일렀으되
26. 글라우디오 루시아는 총독 벨릭스 각하께 문안하나이다
27. 이 사람이 유대인들에게 잡혀 죽게 된 것을 내가 로마 사람인 줄 들어 알고 군대를 거느리고 가서 구원하여다가
28. 유대인들이 무슨 일로 그를 고발하는지 알고자 하여 그들의 공회로 데리고 내려갔더니
29. 고발하는 것이 그들의 율법 문제에 관한 것뿐이요 한 가지도 죽이거나 결박할 사유가 없음을 발견하였나이다
30. 그러나 이 사람을 해하려는 간계가 있다고 누가 내게 알려 주기로 곧 당신께로 보내며 또 고발하는 사람들도 당신 앞에서 그에 대하여 말하라 하였나이다 하였더라
31. 보병이 명을 받은 대로 밤에 바울을 데리고 안디바드리에 이르러
32. 이튿날 기병으로 바울을 호송하게 하고 영내로 돌아가니라
33. 그들이 가이사랴에 들어가서 편지를 총독에게 드리고 바울을 그 앞에 세우니
34. 총독이 읽고 바울더러 어느 영지 사람이냐 물어 길리기아 사람인 줄 알고
35. 이르되 너를 고발하는 사람들이 오거든 네 말을 들으리라 하고 헤롯 궁에 그를 지키라 명하니라

게도 이르지 말라 하고
23. 백부장 둘을 불러 이르되 밤 제 삼 시에 가이사랴까지 갈 보병 이백 명과 기병 칠십 명과 창병 이백 명을 준비하라 하고
24. 또 바울을 태워 총독 벨릭스에게로 무사히 보내기 위하여 짐승을 준비하라 명하며
25. 또 이 아래와 같이 편지하니 일렀으되
26. 글라우디오 루시아는 총독 벨릭스 각하께 문안하나이다
27. 이 사람이 유대인들에게 잡혀 죽게 된 것을 내가 로마 사람인 줄 들어 알고 군대를 거느리고 가서 구원하여다가
28. 유대인들이 무슨 일로 그를 고발하는지 알고자 하여 그들의 공회로 데리고 내려갔더니
29. 고발하는 것이 그들의 율법 문제에 관한 것뿐이요 한 가지도 죽이거나 결박할 사유가 없음을 발견하였나이다
30. 그러나 이 사람을 해하려는 간계가 있다고 누가 내게 알려 주기로 곧 당신께로 보내며 또 고발하는 사람들도 당신 앞에서 그에 대하여 말하라 하였나이다 하였더라
31. 보병이 명을 받은 대로 밤에 바울을 데리고 안디바드리에 이르러
32. 이튿날 기병으로 바울을 호송하게 하고 영내로 돌아가니라
33. 그들이 가이사랴에 들어가서 편지를 총독에게 드리고 바울을 그 앞에 세우니
34. 총독이 읽고 바울더러 어느 영지 사람이냐 물어 길리기아 사람인 줄 알고
35. 이르되 너를 고발하는 사람들이 오거든 네 말을 들으리라 하고 헤롯 궁에 그를 지키라 명하니라

사도행전 24장

1. 닷새 후에 대제사장 아나니아가 어떤 장로들과 한 변호사 더둘로와 함께 내려와서 총독 앞에서 바울을 고발하니라
2. 바울을 부르매 더둘로가 고발하여 이르되
3. 벨릭스 각하여 우리가 당신을 힘입어 태평을 누리고 또 이 민족이 당신의 선견으로 말미암아 여러 가지로 개선된 것을 우리가 어느 모양으로나 어느 곳에서나 크게 감사하나이다
4. 당신을 더 괴롭게 아니하려 하여 우리가 대강 여짜옵나니 관용하여 들으시기를 원하나이다
5. 우리가 보니 이 사람은 전염병 같은 자라 천하에 흩어진 유대인을 다 소요하게 하는 자요 나사렛 이단의 우두머리라
6. 그가 또 성전을 더럽게 하려 하므로 우리가 잡았사오니(6하반-8상반 없음)
7.
8. 당신이 친히 그를 심문하시면 우리가 고발하는 이 모든 일을 아실 수 있나이다 하니
9. 유대인들도 이에 참가하여 이 말이 옳다 주장하니라
10. 총독이 바울에게 머리로 표시하여 말하라 하니 그가 대답하되 당신이 여러 해 전부터 이 민족의 재판장 된 것을 내가 알고 내 사건에 대하여 기꺼이 변명하나이다
11. 당신이 아실 수 있는 바와 같이 내가 예루살렘에 예배하러 올라간 지 열이틀밖에 안 되었고

사도행전 24장

1. 닷새 후에 대제사장 아나니아가 어떤 장로들과 한 변호사 더둘로와 함께 내려와서 총독 앞에서 바울을 고발하니라
2. 바울을 부르매 더둘로가 고발하여 이르되
3. 벨릭스 각하여 우리가 당신을 힘입어 태평을 누리고 또 이 민족이 당신의 선견으로 말미암아 여러 가지로 개선된 것을 우리가 어느 모양으로나 어느 곳에서나 크게 감사하나이다
4. 당신을 더 괴롭게 아니하려 하여 우리가 대강 여짜옵나니 관용하여 들으시기를 원하나이다
5. 우리가 보니 이 사람은 전염병 같은 자라 천하에 흩어진 유대인을 다 소요하게 하는 자요 나사렛 이단의 우두머리라
6. 그가 또 성전을 더럽게 하려 하므로 우리가 잡았사오니(6하반-8상반 없음)
7.
8. 당신이 친히 그를 심문하시면 우리가 고발하는 이 모든 일을 아실 수 있나이다 하니
9. 유대인들도 이에 참가하여 이 말이 옳다 주장하니라
10. 총독이 바울에게 머리로 표시하여 말하라 하니 그가 대답하되 당신이 여러 해 전부터 이 민족의 재판장 된 것을 내가 알고 내 사건에 대하여 기꺼이 변명하나이다
11. 당신이 아실 수 있는 바와 같이 내가 예루살렘에 예배하러 올라간 지 열이틀밖에 안 되었고

12. 그들은 내가 성전에서 누구와 변론하는 것이나 회당 또는 시중에서 무리를 소동하게 하는 것을 보지 못하였으니
13. 이제 나를 고발하는 모든 일에 대하여 그들이 능히 당신 앞에 내세울 것이 없나이다
14. 그러나 이것을 당신께 고백하리이다 나는 그들이 이단이라 하는 도를 따라 조상의 하나님을 섬기고 율법과 선지자들의 글에 기록된 것을 다 믿으며
15. 그들이 기다리는 바 하나님께 향한 소망을 나도 가졌으니 곧 의인과 악인의 부활이 있으리라 함이니이다
16. 이것으로 말미암아 나도 하나님과 사람에 대하여 항상 양심에 거리낌이 없기를 힘쓰나이다
17. 여러 해 만에 내가 내 민족을 구제할 것과 제물을 가지고 와서
18. 드리는 중에 내가 결례를 행하였고 모임도 없고 소동도 없이 성전에 있는 것을 그들이 보았나이다 그러나 아시아로부터 온 어떤 유대인들이 있었으니
19. 그들이 만일 나를 반대할 사건이 있으면 마땅히 당신 앞에 와서 고발하였을 것이요
20. 그렇지 않으면 이 사람들이 내가 공회 앞에 섰을 때에 무슨 옳지 않은 것을 보았는가 말하라 하소서
21. 오직 내가 그들 가운데 서서 외치기를 내가 죽은 자의 부활에 대하여 오늘 너희 앞에 심문을 받는다고 한 이 한 소리만 있을 따름이니이다 하니
22. 벨릭스가 이 도에 관한 것을 더 자세히 아는 고로 연기하여 이르되 천부장 루시아가 내려오거든 너희 일을 처결하리라 하고
23. 백부장에게 명하여 바울을 지키되 자유를 주고 그의 친구들이 그를 돌보아 주

12. 그들은 내가 성전에서 누구와 변론하는 것이나 회당 또는 시중에서 무리를 소동하게 하는 것을 보지 못하였으니
13. 이제 나를 고발하는 모든 일에 대하여 그들이 능히 당신 앞에 내세울 것이 없나이다
14. 그러나 이것을 당신께 고백하리이다 나는 그들이 이단이라 하는 도를 따라 조상의 하나님을 섬기고 율법과 선지자들의 글에 기록된 것을 다 믿으며
15. 그들이 기다리는 바 하나님께 향한 소망을 나도 가졌으니 곧 의인과 악인의 부활이 있으리라 함이니이다
16. 이것으로 말미암아 나도 하나님과 사람에 대하여 항상 양심에 거리낌이 없기를 힘쓰나이다
17. 여러 해 만에 내가 내 민족을 구제할 것과 제물을 가지고 와서
18. 드리는 중에 내가 결례를 행하였고 모임도 없고 소동도 없이 성전에 있는 것을 그들이 보았나이다 그러나 아시아로부터 온 어떤 유대인들이 있었으니
19. 그들이 만일 나를 반대할 사건이 있으면 마땅히 당신 앞에 와서 고발하였을 것이요
20. 그렇지 않으면 이 사람들이 내가 공회 앞에 섰을 때에 무슨 옳지 않은 것을 보았는가 말하라 하소서
21. 오직 내가 그들 가운데 서서 외치기를 내가 죽은 자의 부활에 대하여 오늘 너희 앞에 심문을 받는다고 한 이 한 소리만 있을 따름이니이다 하니
22. 벨릭스가 이 도에 관한 것을 더 자세히 아는 고로 연기하여 이르되 천부장 루시아가 내려오거든 너희 일을 처결하리라 하고
23. 백부장에게 명하여 바울을 지키되 자유를 주고 그의 친구들이 그를 돌보아 주

는 것을 금하지 말라 하니라
24. 수일 후에 벨릭스가 그 아내 유대 여자 드루실라와 함께 와서 바울을 불
러 그리스도 예수 믿는 도를 듣거늘
25. 바울이 의와 절제와 장차 오는 심판을 강론하니 벨릭스가 두려워하여
대답하되 지금은 가라 내가 틈이 있으면 너를 부르리라 하고
26. 동시에 또 바울에게서 돈을 받을까 바라는 고로 더 자주 불러 같이 이야
기하더라
27. 이태가 지난 후 보르기오 베스도가 벨릭스의 소임을 이어받으니 벨릭스
가 유대인의 마음을 얻고자 하여 바울을 구류하여 두니라

사도행전 25장

1. 베스도가 부임한 지 삼 일 후에 가이사랴에서 예루살렘으로 올라가니
2. 대제사장들과 유대인 중 높은 사람들이 바울을 고소할새
3. 베스도의 호의로 바울을 예루살렘으로 옮기기를 청하니 이는 길에 매복
하였다가 그를 죽이고자 함이더라
4. 베스도가 대답하여 바울이 가이사랴에 구류된 것과 자기도 멀지 않아
떠나갈 것을 말하고
5. 또 이르되 너희 중 유력한 자들은 나와 함께 내려가서 그 사람에게 만일
옳지 아니한 일이 있거든 고발하라 하니라
6. 베스도가 그들 가운데서 팔 일 혹은 십 일을 지낸 후 가이사랴로 내려가
서 이튿날 재판 자리에 앉고 바울을 데려오라 명하니
7. 그가 나오매 예루살렘에서 내려온 유대인들이 둘러서서 여러 가지 중대

는 것을 금하지 말라 하니라
24. 수일 후에 벨릭스가 그 아내 유대 여자 드루실라와 함께 와서 바울을 불
러 그리스도 예수 믿는 도를 듣거늘
25. 바울이 의와 절제와 장차 오는 심판을 강론하니 벨릭스가 두려워하여
대답하되 지금은 가라 내가 틈이 있으면 너를 부르리라 하고
26. 동시에 또 바울에게서 돈을 받을까 바라는 고로 더 자주 불러 같이 이야
기하더라
27. 이태가 지난 후 보르기오 베스도가 벨릭스의 소임을 이어받으니 벨릭스
가 유대인의 마음을 얻고자 하여 바울을 구류하여 두니라

사도행전 25장

1. 베스도가 부임한 지 삼 일 후에 가이사랴에서 예루살렘으로 올라가니
2. 대제사장들과 유대인 중 높은 사람들이 바울을 고소할새
3. 베스도의 호의로 바울을 예루살렘으로 옮기기를 청하니 이는 길에 매복
하였다가 그를 죽이고자 함이더라
4. 베스도가 대답하여 바울이 가이사랴에 구류된 것과 자기도 멀지 않아
떠나갈 것을 말하고
5. 또 이르되 너희 중 유력한 자들은 나와 함께 내려가서 그 사람에게 만일
옳지 아니한 일이 있거든 고발하라 하니라
6. 베스도가 그들 가운데서 팔 일 혹은 십 일을 지낸 후 가이사랴로 내려가
서 이튿날 재판 자리에 앉고 바울을 데려오라 명하니
7. 그가 나오매 예루살렘에서 내려온 유대인들이 둘러서서 여러 가지 중대

한 사건으로 고발하되 능히 증거를 대지 못한지라

8. 바울이 변명하여 이르되 유대인의 율법이나 성전이나 가이사에게나 내가 도무지 죄를 범하지 아니하였노라 하니

9. 베스도가 유대인의 마음을 얻고자 하여 바울더러 묻되 네가 예루살렘에 올라가서 이 사건에 대하여 내 앞에서 심문을 받으려느냐

10. 바울이 이르되 내가 가이사의 재판 자리 앞에 섰으니 마땅히 거기서 심문을 받을 것이라 당신도 잘 아시는 바와 같이 내가 유대인들에게 불의를 행한 일이 없나이다

11. 만일 내가 불의를 행하여 무슨 죽을 죄를 지었으면 죽기를 사양하지 아니할 것이나 만일 이 사람들이 나를 고발하는 것이 다 사실이 아니면 아무도 나를 그들에게 내줄 수 없나이다 내가 가이사께 상소하노라 한대

12. 베스도가 배석자들과 상의하고 이르되 네가 가이사에게 상소하였으니 가이사에게 갈 것이라 하니라

13. 수일 후에 아그립바 왕과 버니게가 베스도에게 문안하러 가이사랴에 와서

14. 여러 날을 있더니 베스도가 바울의 일로 왕에게 고하여 이르되 벨릭스가 한 사람을 구류하여 두었는데

15. 내가 예루살렘에 있을 때에 유대인의 대제사장들과 장로들이 그를 고소하여 정죄하기를 청하기에

16. 내가 대답하되 무릇 피고가 원고들 앞에서 고소 사건에 대하여 변명할 기회가 있기 전에 내주는 것은 로마 사람의 법이 아니라 하였노라

17. 그러므로 그들이 나와 함께 여기 오매 내가 지체하지 아니하고 이튿날 재판 자리에 앉아 명하여 그 사람을 데려왔으나

한 사건으로 고발하되 능히 증거를 대지 못한지라

8. 바울이 변명하여 이르되 유대인의 율법이나 성전이나 가이사에게나 내가 도무지 죄를 범하지 아니하였노라 하니

9. 베스도가 유대인의 마음을 얻고자 하여 바울더러 묻되 네가 예루살렘에 올라가서 이 사건에 대하여 내 앞에서 심문을 받으려느냐

10. 바울이 이르되 내가 가이사의 재판 자리 앞에 섰으니 마땅히 거기서 심문을 받을 것이라 당신도 잘 아시는 바와 같이 내가 유대인들에게 불의를 행한 일이 없나이다

11. 만일 내가 불의를 행하여 무슨 죽을 죄를 지었으면 죽기를 사양하지 아니할 것이나 만일 이 사람들이 나를 고발하는 것이 다 사실이 아니면 아무도 나를 그들에게 내줄 수 없나이다 내가 가이사께 상소하노라 한대

12. 베스도가 배석자들과 상의하고 이르되 네가 가이사에게 상소하였으니 가이사에게 갈 것이라 하니라

13. 수일 후에 아그립바 왕과 버니게가 베스도에게 문안하러 가이사랴에 와서

14. 여러 날을 있더니 베스도가 바울의 일로 왕에게 고하여 이르되 벨릭스가 한 사람을 구류하여 두었는데

15. 내가 예루살렘에 있을 때에 유대인의 대제사장들과 장로들이 그를 고소하여 정죄하기를 청하기에

16. 내가 대답하되 무릇 피고가 원고들 앞에서 고소 사건에 대하여 변명할 기회가 있기 전에 내주는 것은 로마 사람의 법이 아니라 하였노라

17. 그러므로 그들이 나와 함께 여기 오매 내가 지체하지 아니하고 이튿날 재판 자리에 앉아 명하여 그 사람을 데려왔으나

18. 원고들이 서서 내가 짐작하던 것 같은 악행의 혐의는 하나도 제시하지
아니하고
19. 오직 자기들의 종교와 또는 예수라 하는 이가 죽은 것을 살아 있다고 바
울이 주장하는 그 일에 관한 문제로 고발하는 것뿐이라
20. 내가 이 일에 대하여 어떻게 심리할는지 몰라서 바울에게 묻되 예루살
렘에 올라가서 이 일에 심문을 받으려느냐 한즉
21. 바울은 황제의 판결을 받도록 자기를 지켜 주기를 호소하므로 내가 그
를 가이사에게 보내기까지 지켜 두라 명하였노라 하니
22. 아그립바가 베스도에게 이르되 나도 이 사람의 말을 듣고자 하노라 베
스도가 이르되 내일 들으시리이다 하더라
23. 이튿날 아그립바와 버니게가 크게 위엄을 갖추고 와서 천부장들과 시중
의 높은 사람들과 함께 접견 장소에 들어오고 베스도의 명으로 바울을
데려오니
24. 베스도가 말하되 아그립바 왕과 여기 같이 있는 여러분이여 당신들이
보는 이 사람은 유대의 모든 무리가 크게 외치되 살려 두지 못할 사람
이라고 하여 예루살렘에서와 여기서도 내게 청원하였으나
25. 내가 살피건대 죽일 죄를 범한 일이 없더이다 그러나 그가 황제에게 상
소한 고로 보내기로 결정하였나이다
26. 그에 대하여 황제께 확실한 사실을 아뢸 것이 없으므로 심문한 후 상소
할 자료가 있을까 하여 당신들 앞 특히 아그립바 왕 당신 앞에 그를 내
세웠나이다
27. 그 죄목도 밝히지 아니하고 죄수를 보내는 것이 무리한 일인 줄 아나이

18. 원고들이 서서 내가 짐작하던 것 같은 악행의 혐의는 하나도 제시하지
아니하고
19. 오직 자기들의 종교와 또는 예수라 하는 이가 죽은 것을 살아 있다고 바
울이 주장하는 그 일에 관한 문제로 고발하는 것뿐이라
20. 내가 이 일에 대하여 어떻게 심리할는지 몰라서 바울에게 묻되 예루살
렘에 올라가서 이 일에 심문을 받으려느냐 한즉
21. 바울은 황제의 판결을 받도록 자기를 지켜 주기를 호소하므로 내가 그
를 가이사에게 보내기까지 지켜 두라 명하였노라 하니
22. 아그립바가 베스도에게 이르되 나도 이 사람의 말을 듣고자 하노라 베
스도가 이르되 내일 들으시리이다 하더라
23. 이튿날 아그립바와 버니게가 크게 위엄을 갖추고 와서 천부장들과 시중
의 높은 사람들과 함께 접견 장소에 들어오고 베스도의 명으로 바울을
데려오니
24. 베스도가 말하되 아그립바 왕과 여기 같이 있는 여러분이여 당신들이
보는 이 사람은 유대의 모든 무리가 크게 외치되 살려 두지 못할 사람
이라고 하여 예루살렘에서와 여기서도 내게 청원하였으나
25. 내가 살피건대 죽일 죄를 범한 일이 없더이다 그러나 그가 황제에게 상
소한 고로 보내기로 결정하였나이다
26. 그에 대하여 황제께 확실한 사실을 아뢸 것이 없으므로 심문한 후 상소
할 자료가 있을까 하여 당신들 앞 특히 아그립바 왕 당신 앞에 그를 내
세웠나이다
27. 그 죄목도 밝히지 아니하고 죄수를 보내는 것이 무리한 일인 줄 아나이

다 하였더라

사도행전 26장

1. 아그립바가 바울에게 이르되 너를 위하여 말하기를 네게 허락하노라 하니 이에 바울이 손을 들어 변명하되
2. 아그립바 왕이여 유대인이 고발하는 모든 일을 오늘 당신 앞에서 변명하게 된 것을 다행히 여기나이다
3. 특히 당신이 유대인의 모든 풍속과 문제를 아심이니이다 그러므로 내 말을 너그러이 들으시기를 바라나이다
4. 내가 처음부터 내 민족과 더불어 예루살렘에서 젊었을 때 생활한 상황을 유대인이 다 아는 바라
5. 일찍부터 나를 알았으니 그들이 증언하려 하면 내가 우리 종교의 가장 엄한 파를 따라 바리새인의 생활을 하였다고 할 것이라
6. 이제도 여기 서서 심문 받는 것은 하나님이 우리 조상에게 약속하신 것을 바라는 까닭이니
7. 이 약속은 우리 열두 지파가 밤낮으로 간절히 하나님을 받들어 섬김으로 얻기를 바라는 바인데 아그립바 왕이여 이 소망으로 말미암아 내가 유대인들에게 고소를 당하는 것이니이다
8. 당신들은 하나님이 죽은 사람을 살리심을 어찌하여 못 믿을 것으로 여기나이까
9. 나도 나사렛 예수의 이름을 대적하여 많은 일을 행하여야 될 줄 스스로 생각하고
10. 예루살렘에서 이런 일을 행하여 대제사장들에게서 권한을 받아 가지고 많은 성

다 하였더라

사도행전 26장

1. 아그립바가 바울에게 이르되 너를 위하여 말하기를 네게 허락하노라 하니 이에 바울이 손을 들어 변명하되
2. 아그립바 왕이여 유대인이 고발하는 모든 일을 오늘 당신 앞에서 변명하게 된 것을 다행히 여기나이다
3. 특히 당신이 유대인의 모든 풍속과 문제를 아심이니이다 그러므로 내 말을 너그러이 들으시기를 바라나이다
4. 내가 처음부터 내 민족과 더불어 예루살렘에서 젊었을 때 생활한 상황을 유대인이 다 아는 바라
5. 일찍부터 나를 알았으니 그들이 증언하려 하면 내가 우리 종교의 가장 엄한 파를 따라 바리새인의 생활을 하였다고 할 것이라
6. 이제도 여기 서서 심문 받는 것은 하나님이 우리 조상에게 약속하신 것을 바라는 까닭이니
7. 이 약속은 우리 열두 지파가 밤낮으로 간절히 하나님을 받들어 섬김으로 얻기를 바라는 바인데 아그립바 왕이여 이 소망으로 말미암아 내가 유대인들에게 고소를 당하는 것이니이다
8. 당신들은 하나님이 죽은 사람을 살리심을 어찌하여 못 믿을 것으로 여기나이까
9. 나도 나사렛 예수의 이름을 대적하여 많은 일을 행하여야 될 줄 스스로 생각하고
10. 예루살렘에서 이런 일을 행하여 대제사장들에게서 권한을 받아 가지고 많은 성

도를 옥에 가두며 또 죽일 때에 내가 찬성 투표를 하였고
11. 또 모든 회당에서 여러 번 형벌하여 강제로 모독하는 말을 하게 하고 그
들에 대하여 심히 격분하여 외국 성에까지 가서 박해하였고
12. 그 일로 대제사장들의 권한과 위임을 받고 다메섹으로 갔나이다
13. 왕이여 정오가 되어 길에서 보니 하늘로부터 해보다 더 밝은 빛이 나와
내 동행들을 둘러 비추는지라
14. 우리가 다 땅에 엎드러지매 내가 소리를 들으니 히브리 말로 이르되 사
울아 사울아 네가 어찌하여 나를 박해하느냐 가시채를 뒷발질하기가
네게 고생이니라
15. 내가 대답하되 주님 누구시니이까 주께서 이르시되 나는 네가 박해하는
예수라
16. 일어나 너의 발로 서라 내가 네게 나타난 것은 곧 네가 나를 본 일과 장
차 내가 네게 나타날 일에 너로 종과 증인을 삼으려 함이니
17. 이스라엘과 이방인들에게서 내가 너를 구원하여 그들에게 보내어
18. 그 눈을 뜨게 하여 어둠에서 빛으로, 사탄의 권세에서 하나님께로 돌아
오게 하고 죄 사함과 나를 믿어 거룩하게 된 무리 가운데서 기업을 얻
게 하리라 하더이다
19. 아그립바 왕이여 그러므로 하늘에서 보이신 것을 내가 거스르지 아니
하고
20. 먼저 다메섹과 예루살렘에 있는 사람과 유대 온 땅과 이방인에게까지
회개하고 하나님께로 돌아와서 회개에 합당한 일을 하라 전하므로
21. 유대인들이 성전에서 나를 잡아 죽이고자 하였으나

도를 옥에 가두며 또 죽일 때에 내가 찬성 투표를 하였고
11. 또 모든 회당에서 여러 번 형벌하여 강제로 모독하는 말을 하게 하고 그
들에 대하여 심히 격분하여 외국 성에까지 가서 박해하였고
12. 그 일로 대제사장들의 권한과 위임을 받고 다메섹으로 갔나이다
13. 왕이여 정오가 되어 길에서 보니 하늘로부터 해보다 더 밝은 빛이 나와
내 동행들을 둘러 비추는지라
14. 우리가 다 땅에 엎드러지매 내가 소리를 들으니 히브리 말로 이르되 사
울아 사울아 네가 어찌하여 나를 박해하느냐 가시채를 뒷발질하기가 네
게 고생이니라
15. 내가 대답하되 주님 누구시니이까 주께서 이르시되 나는 네가 박해하는
예수라
16. 일어나 너의 발로 서라 내가 네게 나타난 것은 곧 네가 나를 본 일과 장
차 내가 네게 나타날 일에 너로 종과 증인을 삼으려 함이니
17. 이스라엘과 이방인들에게서 내가 너를 구원하여 그들에게 보내어
18. 그 눈을 뜨게 하여 어둠에서 빛으로, 사탄의 권세에서 하나님께로 돌아
오게 하고 죄 사함과 나를 믿어 거룩하게 된 무리 가운데서 기업을 얻
게 하리라 하더이다
19. 아그립바 왕이여 그러므로 하늘에서 보이신 것을 내가 거스르지 아니
하고
20. 먼저 다메섹과 예루살렘에 있는 사람과 유대 온 땅과 이방인에게까지
회개하고 하나님께로 돌아와서 회개에 합당한 일을 하라 전하므로
21. 유대인들이 성전에서 나를 잡아 죽이고자 하였으나

22. 하나님의 도우심을 받아 내가 오늘까지 서서 높고 낮은 사람 앞에서 증언하는 것은 선지자들과 모세가 반드시 되리라고 말한 것밖에 없으니
23. 곧 그리스도가 고난을 받으실 것과 죽은 자 가운데서 먼저 다시 살아나사 이스라엘과 이방인들에게 빛을 전하시리라 함이니이다 하니라
24. 바울이 이같이 변명하매 베스도가 크게 소리 내어 이르되 바울아 네가 미쳤도다 네 많은 학문이 너를 미치게 한다 하니
25. 바울이 이르되 베스도 각하여 내가 미친 것이 아니요 참되고 온전한 말을 하나이다
26. 왕께서는 이 일을 아시기로 내가 왕께 담대히 말하노니 이 일에 하나라도 아시지 못함이 없는 줄 믿나이다 이 일은 한쪽 구석에서 행한 것이 아니니이다
27. 아그립바 왕이여 선지자를 믿으시나이까 믿으시는 줄 아나이다
28. 아그립바가 바울에게 이르되 네가 적은 말로 나를 권하여 그리스도인이 되게 하려 하는도다
29. 바울이 이르되 말이 적으나 많으나 당신뿐만 아니라 오늘 내 말을 듣는 모든 사람도 다 이렇게 결박된 것 외에는 나와 같이 되기를 하나님께 원하나이다 하니라
30. 왕과 총독과 버니게와 그 함께 앉은 사람들이 다 일어나서
31. 물러가 서로 말하되 이 사람은 사형이나 결박을 당할 만한 행위가 없다 하더라
32. 이에 아그립바가 베스도에게 이르되 이 사람이 만일 가이사에게 상소하지 아니하였더라면 석방될 수 있을 뻔하였다 하니라

22. 하나님의 도우심을 받아 내가 오늘까지 서서 높고 낮은 사람 앞에서 증언하는 것은 선지자들과 모세가 반드시 되리라고 말한 것밖에 없으니
23. 곧 그리스도가 고난을 받으실 것과 죽은 자 가운데서 먼저 다시 살아나사 이스라엘과 이방인들에게 빛을 전하시리라 함이니이다 하니라
24. 바울이 이같이 변명하매 베스도가 크게 소리 내어 이르되 바울아 네가 미쳤도다 네 많은 학문이 너를 미치게 한다 하니
25. 바울이 이르되 베스도 각하여 내가 미친 것이 아니요 참되고 온전한 말을 하나이다
26. 왕께서는 이 일을 아시기로 내가 왕께 담대히 말하노니 이 일에 하나라도 아시지 못함이 없는 줄 믿나이다 이 일은 한쪽 구석에서 행한 것이 아니니이다
27. 아그립바 왕이여 선지자를 믿으시나이까 믿으시는 줄 아나이다
28. 아그립바가 바울에게 이르되 네가 적은 말로 나를 권하여 그리스도인이 되게 하려 하는도다
29. 바울이 이르되 말이 적으나 많으나 당신뿐만 아니라 오늘 내 말을 듣는 모든 사람도 다 이렇게 결박된 것 외에는 나와 같이 되기를 하나님께 원하나이다 하니라
30. 왕과 총독과 버니게와 그 함께 앉은 사람들이 다 일어나서
31. 물러가 서로 말하되 이 사람은 사형이나 결박을 당할 만한 행위가 없다 하더라
32. 이에 아그립바가 베스도에게 이르되 이 사람이 만일 가이사에게 상소하지 아니하였더라면 석방될 수 있을 뻔하였다 하니라

사도행전 27장

1. 우리가 배를 타고 이달리야에 가기로 작정되매 바울과 다른 죄수 몇 사람을 아구스도대의 백부장 율리오란 사람에게 맡기니
2. 아시아 해변 각처로 가려 하는 아드라뭇데노 배에 우리가 올라 항해할새 마게도냐의 데살로니가 사람 아리스다고도 함께 하니라
3. 이튿날 시돈에 대니 율리오가 바울을 친절히 대하여 친구들에게 가서 대접 받기를 허락하더니
4. 또 거기서 우리가 떠나가다가 맞바람을 피하여 구브로 해안을 의지하고 항해하여
5. 길리기아와 밤빌리아 바다를 건너 루기아의 무라 시에 이르러
6. 거기서 백부장이 이달리야로 가려 하는 알렉산드리아 배를 만나 우리를 오르게 하니
7. 배가 더디 가 여러 날 만에 간신히 니도 맞은편에 이르러 풍세가 더 허락하지 아니하므로 살모네 앞을 지나 그레데 해안을 바람막이로 항해하여
8. 간신히 그 연안을 지나 미항이라는 곳에 이르니 라새아 시에서 가깝더라
9. 여러 날이 걸려 금식하는 절기가 이미 지났으므로 항해하기가 위태한지라 바울이 그들을 권하여
10. 말하되 여러분이여 내가 보니 이번 항해가 하물과 배만 아니라 우리 생명에도 타격과 많은 손해를 끼치리라 하되
11. 백부장이 선장과 선주의 말을 바울의 말보다 더 믿더라

사도행전 27장

1. 우리가 배를 타고 이달리야에 가기로 작정되매 바울과 다른 죄수 몇 사람을 아구스도대의 백부장 율리오란 사람에게 맡기니
2. 아시아 해변 각처로 가려 하는 아드라뭇데노 배에 우리가 올라 항해할새 마게도냐의 데살로니가 사람 아리스다고도 함께 하니라
3. 이튿날 시돈에 대니 율리오가 바울을 친절히 대하여 친구들에게 가서 대접 받기를 허락하더니
4. 또 거기서 우리가 떠나가다가 맞바람을 피하여 구브로 해안을 의지하고 항해하여
5. 길리기아와 밤빌리아 바다를 건너 루기아의 무라 시에 이르러
6. 거기서 백부장이 이달리야로 가려 하는 알렉산드리아 배를 만나 우리를 오르게 하니
7. 배가 더디 가 여러 날 만에 간신히 니도 맞은편에 이르러 풍세가 더 허락하지 아니하므로 살모네 앞을 지나 그레데 해안을 바람막이로 항해하여
8. 간신히 그 연안을 지나 미항이라는 곳에 이르니 라새아 시에서 가깝더라
9. 여러 날이 걸려 금식하는 절기가 이미 지났으므로 항해하기가 위태한지라 바울이 그들을 권하여
10. 말하되 여러분이여 내가 보니 이번 항해가 하물과 배만 아니라 우리 생명에도 타격과 많은 손해를 끼치리라 하되
11. 백부장이 선장과 선주의 말을 바울의 말보다 더 믿더라

12. 그 항구가 겨울을 지내기에 불편하므로 거기서 떠나 아무쪼록 뵈닉스에 가서 겨울을 지내자 하는 자가 더 많으니 뵈닉스는 그레데 항구라 한쪽은 서남을, 한쪽은 서북을 향하였더라
13. 남풍이 순하게 불매 그들이 뜻을 이룬 줄 알고 닻을 감아 그레데 해변을 끼고 항해하더니
14. 얼마 안 되어 섬 가운데로부터 유라굴로라는 광풍이 크게 일어나니
15. 배가 밀려 바람을 맞추어 갈 수 없어 가는 대로 두고 쫓겨가다가
16. 가우다라는 작은 섬 아래로 지나 간신히 거루를 잡아
17. 끌어 올리고 줄을 가지고 선체를 둘러 감고 스르디스에 걸릴까 두려워하여 연장을 내리고 그냥 쫓겨가더니
18. 우리가 풍랑으로 심히 애쓰다가 이튿날 사공들이 짐을 바다에 풀어 버리고
19. 사흘째 되는 날에 배의 기구를 그들의 손으로 내버리니라
20. 여러 날 동안 해도 별도 보이지 아니하고 큰 풍랑이 그대로 있으매 구원의 여망마저 없어졌더라
21. 여러 사람이 오래 먹지 못하였으매 바울이 가운데 서서 말하되 여러분이여 내 말을 듣고 그레데에서 떠나지 아니하여 이 타격과 손상을 면하였더라면 좋을 뻔하였느니라
22. 내가 너희를 권하노니 이제는 안심하라 너희 중 아무도 생명에는 아무런 손상이 없겠고 오직 배뿐이리라
23. 내가 속한 바 곧 내가 섬기는 하나님의 사자가 어제 밤에 내 곁에 서서 말하되
24. 바울아 두려워하지 말라 네가 가이사 앞에 서야 하겠고 또 하나님께서 너와 함께 항해하는 자를 다 네게 주셨다 하였으니

12. 그 항구가 겨울을 지내기에 불편하므로 거기서 떠나 아무쪼록 뵈닉스에 가서 겨울을 지내자 하는 자가 더 많으니 뵈닉스는 그레데 항구라 한쪽은 서남을, 한쪽은 서북을 향하였더라
13. 남풍이 순하게 불매 그들이 뜻을 이룬 줄 알고 닻을 감아 그레데 해변을 끼고 항해하더니
14. 얼마 안 되어 섬 가운데로부터 유라굴로라는 광풍이 크게 일어나니
15. 배가 밀려 바람을 맞추어 갈 수 없어 가는 대로 두고 쫓겨가다가
16. 가우다라는 작은 섬 아래로 지나 간신히 거루를 잡아
17. 끌어 올리고 줄을 가지고 선체를 둘러 감고 스르디스에 걸릴까 두려워하여 연장을 내리고 그냥 쫓겨가더니
18. 우리가 풍랑으로 심히 애쓰다가 이튿날 사공들이 짐을 바다에 풀어 버리고
19. 사흘째 되는 날에 배의 기구를 그들의 손으로 내버리니라
20. 여러 날 동안 해도 별도 보이지 아니하고 큰 풍랑이 그대로 있으매 구원의 여망마저 없어졌더라
21. 여러 사람이 오래 먹지 못하였으매 바울이 가운데 서서 말하되 여러분이여 내 말을 듣고 그레데에서 떠나지 아니하여 이 타격과 손상을 면하였더라면 좋을 뻔하였느니라
22. 내가 너희를 권하노니 이제는 안심하라 너희 중 아무도 생명에는 아무런 손상이 없겠고 오직 배뿐이리라
23. 내가 속한 바 곧 내가 섬기는 하나님의 사자가 어제 밤에 내 곁에 서서 말하되
24. 바울아 두려워하지 말라 네가 가이사 앞에 서야 하겠고 또 하나님께서 너와 함께 항해하는 자를 다 네게 주셨다 하였으니

25. 그러므로 여러분이여 안심하라 나는 내게 말씀하신 그대로 되리라고 하
나님을 믿노라
26. 그런즉 우리가 반드시 한 섬에 걸리리라 하더라
27. 열나흘째 되는 날 밤에 우리가 아드리아 바다에서 이리 저리 쫓겨가다
가 자정쯤 되어 사공들이 어느 육지에 가까워지는 줄을 짐작하고
28. 물을 재어 보니 스무 길이 되고 조금 가다가 다시 재니 열다섯 길이라
29. 암초에 걸릴까 하여 고물로 닻 넷을 내리고 날이 새기를 고대하니라
30. 사공들이 도망하고자 하여 이물에서 닻을 내리는 체하고 거룻배를 바다
에 내려 놓거늘
31. 바울이 백부장과 군인들에게 이르되 이 사람들이 배에 있지 아니하면
너희가 구원을 얻지 못하리라 하니
32. 이에 군인들이 거룻줄을 끊어 떼어 버리니라
33. 날이 새어 가매 바울이 여러 사람에게 음식 먹기를 권하여 이르되 너희
가 기다리고 기다리며 먹지 못하고 주린 지가 오늘까지 열나흘인즉
34. 음식 먹기를 권하노니 이것이 너희의 구원을 위하는 것이요 너희 중 머
리카락 하나도 잃을 자가 없으리라 하고
35. 떡을 가져다가 모든 사람 앞에서 하나님께 축사하고 떼어 먹기를 시작
하매
36. 그들도 다 안심하고 받아 먹으니
37. 배에 있는 우리의 수는 전부 이백칠십육 명이더라
38. 배부르게 먹고 밀을 바다에 버려 배를 가볍게 하였더니
39. 날이 새매 어느 땅인지 알지 못하나 경사진 해안으로 된 항만이 눈에 띄

25. 그러므로 여러분이여 안심하라 나는 내게 말씀하신 그대로 되리라고 하
나님을 믿노라
26. 그런즉 우리가 반드시 한 섬에 걸리리라 하더라
27. 열나흘째 되는 날 밤에 우리가 아드리아 바다에서 이리 저리 쫓겨가다
가 자정쯤 되어 사공들이 어느 육지에 가까워지는 줄을 짐작하고
28. 물을 재어 보니 스무 길이 되고 조금 가다가 다시 재니 열다섯 길이라
29. 암초에 걸릴까 하여 고물로 닻 넷을 내리고 날이 새기를 고대하니라
30. 사공들이 도망하고자 하여 이물에서 닻을 내리는 체하고 거룻배를 바다
에 내려 놓거늘
31. 바울이 백부장과 군인들에게 이르되 이 사람들이 배에 있지 아니하면
너희가 구원을 얻지 못하리라 하니
32. 이에 군인들이 거룻줄을 끊어 떼어 버리니라
33. 날이 새어 가매 바울이 여러 사람에게 음식 먹기를 권하여 이르되 너희
가 기다리고 기다리며 먹지 못하고 주린 지가 오늘까지 열나흘인즉
34. 음식 먹기를 권하노니 이것이 너희의 구원을 위하는 것이요 너희 중 머
리카락 하나도 잃을 자가 없으리라 하고
35. 떡을 가져다가 모든 사람 앞에서 하나님께 축사하고 떼어 먹기를 시작
하매
36. 그들도 다 안심하고 받아 먹으니
37. 배에 있는 우리의 수는 전부 이백칠십육 명이더라
38. 배부르게 먹고 밀을 바다에 버려 배를 가볍게 하였더니
39. 날이 새매 어느 땅인지 알지 못하나 경사진 해안으로 된 항만이 눈에 띄

거늘 배를 거기에 들여다 댈 수 있는가 의논한 후
40. 닻을 끊어 바다에 버리는 동시에 키를 풀어 늦추고 돛을 달고 바람에 맞추어 해안을 향하여 들어가다가
41. 두 물이 합하여 흐르는 곳을 만나 배를 걸매 이물은 부딪쳐 움직일 수 없이 붙고 고물은 큰 물결에 깨어져 가니
42. 군인들은 죄수가 헤엄쳐서 도망할까 하여 그들을 죽이는 것이 좋다 하였으나
43. 백부장이 바울을 구원하려 하여 그들의 뜻을 막고 헤엄칠 줄 아는 사람들을 명하여 물에 뛰어내려 먼저 육지에 나가게 하고
44. 그 남은 사람들은 널조각 혹은 배 물건에 의지하여 나가게 하니 마침내 사람들이 다 상륙하여 구조되니라

사도행전 28장

1. 우리가 구조된 후에 안즉 그 섬은 멜리데라 하더라
2. 비가 오고 날이 차매 원주민들이 우리에게 특별한 동정을 하여 불을 피워 우리를 다 영접하더라
3. 바울이 나무 한 묶음을 거두어 불에 넣으니 뜨거움으로 말미암아 독사가 나와 그 손을 물고 있는지라
4. 원주민들이 이 짐승이 그 손에 매달려 있음을 보고 서로 말하되 진실로 이 사람은 살인한 자로다 바다에서는 구조를 받았으나 공의가 그를 살지 못하게 함이로다 하더니
5. 바울이 그 짐승을 불에 떨어 버리매 조금도 상함이 없더라
6. 그들은 그가 붓든지 혹은 갑자기 쓰러져 죽을 줄로 기다렸다가 오래 기다려도

거늘 배를 거기에 들여다 댈 수 있는가 의논한 후

40. 닻을 끊어 바다에 버리는 동시에 키를 풀어 늦추고 돛을 달고 바람에 맞추어 해안을 향하여 들어가다가

41. 두 물이 합하여 흐르는 곳을 만나 배를 걸매 이물은 부딪쳐 움직일 수 없이 붙고 고물은 큰 물결에 깨어져 가니

42. 군인들은 죄수가 헤엄쳐서 도망할까 하여 그들을 죽이는 것이 좋다 하였으나

43. 백부장이 바울을 구원하려 하여 그들의 뜻을 막고 헤엄칠 줄 아는 사람들을 명하여 물에 뛰어내려 먼저 육지에 나가게 하고

44. 그 남은 사람들은 널조각 혹은 배 물건에 의지하여 나가게 하니 마침내 사람들이 다 상륙하여 구조되니라

사도행전 28장

1. 우리가 구조된 후에 안즉 그 섬은 멜리데라 하더라
2. 비가 오고 날이 차매 원주민들이 우리에게 특별한 동정을 하여 불을 피워 우리를 다 영접하더라
3. 바울이 나무 한 묶음을 거두어 불에 넣으니 뜨거움으로 말미암아 독사가 나와 그 손을 물고 있는지라
4. 원주민들이 이 짐승이 그 손에 매달려 있음을 보고 서로 말하되 진실로 이 사람은 살인한 자로다 바다에서는 구조를 받았으나 공의가 그를 살지 못하게 함이로다 하더니
5. 바울이 그 짐승을 불에 떨어 버리매 조금도 상함이 없더라
6. 그들은 그가 붓든지 혹은 갑자기 쓰러져 죽을 줄로 기다렸다가 오래 기다려도

그에게 아무 이상이 없음을 보고 돌이켜 생각하여 말하되 그를 신이라 하더라
7. 이 섬에서 가장 높은 사람 보블리오라 하는 이가 그 근처에 토지가 있는지라 그가 우리를 영접하여 사흘이나 친절히 머물게 하더니
8. 보블리오의 부친이 열병과 이질에 걸려 누워 있거늘 바울이 들어가서 기도하고 그에게 안수하여 낫게 하매
9. 이러므로 섬 가운데 다른 병든 사람들이 와서 고침을 받고
10. 후한 예로 우리를 대접하고 떠날 때에 우리 쓸 것을 배에 실었더라
11. 석 달 후에 우리가 그 섬에서 겨울을 난 알렉산드리아 배를 타고 떠나니 그 배의 머리 장식은 디오스구로라
12. 수라구사에 대고 사흘을 있다가
13. 거기서 둘러가서 레기온에 이르러 하루를 지낸 후 남풍이 일어나므로 이튿날 보디올에 이르러
14. 거기서 형제들을 만나 그들의 청함을 받아 이레를 함께 머무니라 그래서 우리는 이와 같이 로마로 가니라
15. 그 곳 형제들이 우리 소식을 듣고 압비오 광장과 트레이스 타베르네까지 맞으러 오니 바울이 그들을 보고 하나님께 감사하고 담대한 마음을 얻으니라
16. 우리가 로마에 들어가니 바울에게는 자기를 지키는 한 군인과 함께 따로 있게 허락하더라
17. 사흘 후에 바울이 유대인 중 높은 사람들을 청하여 그들이 모인 후에 이르되 여러분 형제들아 내가 이스라엘 백성이나 우리 조상의 관습을 배

그에게 아무 이상이 없음을 보고 돌이켜 생각하여 말하되 그를 신이라 하더라
7. 이 섬에서 가장 높은 사람 보블리오라 하는 이가 그 근처에 토지가 있는지라 그가 우리를 영접하여 사흘이나 친절히 머물게 하더니
8. 보블리오의 부친이 열병과 이질에 걸려 누워 있거늘 바울이 들어가서 기도하고 그에게 안수하여 낫게 하매
9. 이러므로 섬 가운데 다른 병든 사람들이 와서 고침을 받고
10. 후한 예로 우리를 대접하고 떠날 때에 우리 쓸 것을 배에 실었더라
11. 석 달 후에 우리가 그 섬에서 겨울을 난 알렉산드리아 배를 타고 떠나니 그 배의 머리 장식은 디오스구로라
12. 수라구사에 대고 사흘을 있다가
13. 거기서 둘러가서 레기온에 이르러 하루를 지낸 후 남풍이 일어나므로 이튿날 보디올에 이르러
14. 거기서 형제들을 만나 그들의 청함을 받아 이레를 함께 머무니라 그래서 우리는 이와 같이 로마로 가니라
15. 그 곳 형제들이 우리 소식을 듣고 압비오 광장과 트레이스 타베르네까지 맞으러 오니 바울이 그들을 보고 하나님께 감사하고 담대한 마음을 얻으니라
16. 우리가 로마에 들어가니 바울에게는 자기를 지키는 한 군인과 함께 따로 있게 허락하더라
17. 사흘 후에 바울이 유대인 중 높은 사람들을 청하여 그들이 모인 후에 이르되 여러분 형제들아 내가 이스라엘 백성이나 우리 조상의 관습을 배

척한 일이 없는데 예루살렘에서 로마인의 손에 죄수로 내준 바 되었으니
18. 로마인은 나를 심문하여 죽일 죄목이 없으므로 석방하려 하였으나
19. 유대인들이 반대하기로 내가 마지 못하여 가이사에게 상소함이요 내 민족을 고발하려는 것이 아니니라
20. 이러므로 너희를 보고 함께 이야기하려고 청하였으니 이스라엘의 소망으로 말미암아 내가 이 쇠사슬에 매인 바 되었노라
21. 그들이 이르되 우리가 유대에서 네게 대한 편지도 받은 일이 없고 또 형제 중 누가 와서 네게 대하여 좋지 못한 것을 전하든지 이야기한 일도 없느니라
22. 이에 우리가 너의 사상이 어떠한가 듣고자 하니 이 파에 대하여는 어디서든지 반대를 받는 줄 알기 때문이라 하더라
23. 그들이 날짜를 정하고 그가 유숙하는 집에 많이 오니 바울이 아침부터 저녁까지 강론하여 하나님의 나라를 증언하고 모세의 율법과 선지자의 말을 가지고 예수에 대하여 권하더라
24. 그 말을 믿는 사람도 있고 믿지 아니하는 사람도 있어
25. 서로 맞지 아니하여 흩어질 때에 바울이 한 말로 이르되 성령이 선지자 이사야를 통하여 너희 조상들에게 말씀하신 것이 옳도다
26. 일렀으되 이 백성에게 가서 말하기를 너희가 듣기는 들어도 도무지 깨닫지 못하며 보기는 보아도 도무지 알지 못하는도다
27. 이 백성들의 마음이 우둔하여져서 그 귀로는 둔하게 듣고 그 눈은 감았으니 이는 눈으로 보고 귀로 듣고 마음으로 깨달아 돌아오면 내가 고쳐 줄까 함이라 하였으니
28. 그런즉 하나님의 이 구원이 이방인에게로 보내어진 줄 알라 그들은 그것을 들

척한 일이 없는데 예루살렘에서 로마인의 손에 죄수로 내준 바 되었으니
18. 로마인은 나를 심문하여 죽일 죄목이 없으므로 석방하려 하였으나
19. 유대인들이 반대하기로 내가 마지 못하여 가이사에게 상소함이요 내 민족을 고
발하려는 것이 아니니라
20. 이러므로 너희를 보고 함께 이야기하려고 청하였으니 이스라엘의 소망으로 말
미암아 내가 이 쇠사슬에 매인 바 되었노라
21. 그들이 이르되 우리가 유대에서 네게 대한 편지도 받은 일이 없고 또 형제 중
누가 와서 네게 대하여 좋지 못한 것을 전하든지 이야기한 일도 없느니라
22. 이에 우리가 너의 사상이 어떠한가 듣고자 하니 이 파에 대하여는 어디서든지
반대를 받는 줄 알기 때문이라 하더라
23. 그들이 날짜를 정하고 그가 유숙하는 집에 많이 오니 바울이 아침부터 저녁까
지 강론하여 하나님의 나라를 증언하고 모세의 율법과 선지자의 말을 가지고
예수에 대하여 권하더라
24. 그 말을 믿는 사람도 있고 믿지 아니하는 사람도 있어
25. 서로 맞지 아니하여 흩어질 때에 바울이 한 말로 이르되 성령이 선지자 이사야
를 통하여 너희 조상들에게 말씀하신 것이 옳도다
26. 일렀으되 이 백성에게 가서 말하기를 너희가 듣기는 들어도 도무지 깨닫지 못
하며 보기는 보아도 도무지 알지 못하는도다
27. 이 백성들의 마음이 우둔하여져서 그 귀로는 둔하게 듣고 그 눈은 감았으니 이
는 눈으로 보고 귀로 듣고 마음으로 깨달아 돌아오면 내가 고쳐 줄까 함이라 하
였으니
28. 그런즉 하나님의 이 구원이 이방인에게로 보내어진 줄 알라 그들은 그것을 들

으리라 하더라
29.(없음)
30.바울이 온 이태를 자기 셋집에 머물면서 자기에게 오는 사람을 다 영접 하고
31. 하나님의 나라를 전파하며 주 예수 그리스도에 관한 모든 것을 담대하게 거침없이 가르치더라

으리라 하더라
29. (없음)
30. 바울이 온 이태를 자기 셋집에 머물면서 자기에게 오는 사람을 다 영접 하고
31. 하나님의 나라를 전파하며 주 예수 그리스도에 관한 모든 것을 담대하게 거침없이 가르치더라

DATE : . . .

DATE : . . .

DATE : . . .

DATE :　　　.　　　.　　　.

많은 사람들이 하나님은 존재하지 않으며, 혼자의 힘으로 살 수 있다고 말합니다. 하지만 하나님은 우리를 만드셨고, 우리를 통해 많은 일을 하십니다. 우리의 존재 자체가 하나님의 큰 은혜이며, 선물입니다.

하나님을 떠나 사는 이들이 너무 많습니다. 깊은 신앙을 가졌던 이들조차도 하나님의 은혜를 잊은 채 자기 중심적으로 살고 있습니다. 내 삶은 그 누구도 간섭할 수 없음을 강조하며, 세상의 많은 유혹에 휩쓸려 살아가고 있습니다.

하나님을 신실하게 믿었던 기독교인이라면 뜨거웠던 하나님과의 첫사랑을 기억할 것입니다. 하지만 지금은 어떤가요? 다른 사람의 이야기처럼 변해버린 과거의 경험담에 불과한 삶을 살고 있진 않은가요?

하나님은 언제나 그 자리에 계시며, 우리가 돌아오기만을 바라고 계십니다. 하나님께 돌아갈 수 없을 것만 같은 당신에게도 환한 미소로 손을 내밀고 계십니다.

삶에 희망이 없고, 살아갈 힘이 없나요? 하나님은 이런 당신에게 큰 위로와 용기를 주길 원하십니다.

돌아온탕자는 하나님을 떠난 이들을 하나님께 인도하는 푯대 역할을 합니다. 믿음을 잃은 이들에게 하나님의 사랑을 전하는 문서 선교의 중심입니다.

돌아온탕자는 교도소, 고아원 등을 후원합니다. 단 한 명이라도 하나님께 인도하기 위해 최선을 다하는 하나님의 기업이 되겠습니다.

돌아온탕자